大学堂顶尖学者丛书

[美] 埃里克·方纳 著
王希 编译

Political Legacies of the Nineteenth-
Century United States
Eric Foner

19世纪美国的政治遗产

北京大学出版社
PEKING UNIVERSITY PRESS

图书在版编目(CIP)数据

19世纪美国的政治遗产/(美)埃里克·方纳著;王希编译.—北京:北京大学出版社,2020.5
(大学堂顶尖学者丛书)
ISBN 978-7-301-31245-2

Ⅰ.①1… Ⅱ.①埃… ②王… Ⅲ.①奴隶制度–研究–美国 Ⅳ.① D771.29

中国版本图书馆CIP数据核字(2020)第031562号

书　　名	19世纪美国的政治遗产
	19 SHIJI MEIGUO DE ZHENGZHI YICHAN
著作责任者	〔美〕埃里克·方纳(Eric Foner)著　王　希 编译
责任编辑	李学宜
标准书号	ISBN 978-7-301-31245-2
出版发行	北京大学出版社
地　　址	北京市海淀区成府路205号　100871
网　　址	http://www.pup.cn　　新浪微博:@北京大学出版社
电子信箱	sofabook@163.com
电　　话	邮购部 010-62752015　发行部 010-62750672
	编辑部 010-62752025
印 刷 者	北京中科印刷有限公司
经 销 者	新华书店
	880毫米×1230毫米　32开本　7.5印张　142千字
	2020年5月第1版　2020年5月第1次印刷
定　　价	48.00元

未经许可,不得以任何方式复制或抄袭本书之部分或全部内容。
版权所有,侵权必究
举报电话:010-62752024　电子信箱:fd@pup.pku.edu.cn
图书如有印装质量问题,请与出版部联系,电话:010-62756370

"大学堂顶尖学者丛书"总序

"大学者,囊括大典,网罗众家之学府也。"北京大学素有广延名师、博采众长的优良传统,其中不乏具有国际一流水准的学术大师。在北大发展的不同历史阶段,许多卓有影响的学术和思想名家,包括杜威、罗素、杜里舒、泰戈尔、詹明信、德里达等,借助北大的讲台传递他们的思想,也获益于与北大学人的对话,留下许多中外学术交流的佳话。

知识改变世界,人才创造未来。进入新世纪以来,学术研究的国际化趋势日益明显,交流变得空前活跃。伴随北大建设世界一流大学步伐的加快,北大师生与世界前沿学术展开对话的愿望日益迫切。

正是在这一背景下,北京大学充分利用自身的学术影响和资源,积极搭建国际化的学术平台,举办各种类型的讲座或论坛,建设国际学术交流的重要基地,使人才的引进与汇聚,成为北京大学创建世界一流大学的助推器。而设立于2012年的"大学堂"顶尖学者讲学计划(Peking University Global Fellowship,以下简称"大学堂"计划),就居于北大多层次引智体系的顶端。北大设立这一项目的初衷,旨在吸引和汇聚一批世界顶尖学者,提升北大引进国外智力的层次,从根本上增强北大创建世界一流大学的综合竞争力。项目发展至今,已经邀请到超过40位成就卓著、具有世界声誉的杰出学者，为他们提供在北京大学发表其前沿学术成果并与北大师生深度交流的机会。应"大学堂"计划之邀来访的学者中，既有自然科学领域的诺贝尔奖、菲尔茨奖、图灵奖获得者，也有人文科学、社会科学领域的重要思想家和代表性学者，体现了北大一如既往的兼容并包的精神，也反映了北大在全球人才竞争中的地位与水平。他们的到访，所带来的不仅是知识的教导，更有教学方式和教育理念的更新，为整体教学氛围注入新元素与新活力，开阔了学生的国际视野，促进了学校教学和科研水平的提高。

当今世界，人才全球化趋势不可逆转，国际高等教育对于高水平人才的竞争空前激烈。在此意义上，"大学堂"计划汇聚全球的学术名家与大师于北大，对于加快推进北大的世界一流大学和一流学科建设，具有重要意义。北京大学将继续推动"大学堂"计划的深入发展，努力营造人才辈出、人才集聚、人尽其才的良好环境。

现在，经由北大国际合作部与北大出版社的策划与推动，学者们的讲学成果将在"大学堂顶尖学者丛书"的框架下，陆续整理、结集出版。放眼世界，高端讲座项目与优质出版资源的携手，使学者的思想得以行之久远，惠及大众，这是一流大学之通例。值此北京大学即将迎来建校120周年校庆之际，我们推出这样一套丛书，希望能够记录下北大迈向世界一流学府过程中的坚实脚印，也留下一批经典作品，树立起一流学术的标杆。

北京大学党委书记　郝　平
北京大学校长　　　林建华

埃里克·方纳

目　录

译者序　方纳：一个伟大学术时代的写照（王希）/ 1

奴隶制、反奴运动与美国政治 / 001

逃奴、"地下铁路"与美国内战的来临 / 028

亚伯拉罕·林肯与美国奴隶制的终结 / 055

重建及其对美国历史的长期影响 / 082

谁是美国人？ / 110

关于美国自由的故事的新思考 / 129

附录一　回顾我的学术人生 / 144

附录二　"亚洲最好的美国史研究藏书" / 165
　　　　——方纳教授赠书实录 / 165

参考和深度阅读书目 / 183

出版后记 / 188

译者序　方纳：一个伟大学术时代的写照

对本书的许多读者来说，埃里克·方纳（Eric Foner）不需要太多的介绍。他是当代美国最杰出的历史学家之一，美国哥伦比亚大学讲席教授，美国艺术与科学院院士，英国皇家科学院通讯院士。他在美国史领域耕耘近60年，著述甚丰，在学界内外影响深远，获奖无数，其中包括普利策历史著作奖和两次班克罗夫特最佳美国史著作奖。

2017年3月，方纳教授应北京大学"大学堂"讲学计划的邀请，前来北大做美国史系列讲座，分别讨论了早期美国政治中的奴隶制问题、黑白废奴主义者对奴隶制的反抗、林肯与美国奴隶制的终结，以及重建时代的宪政革命，本书前四篇文章便是这次系列讲座的中文译本。随后收录了方纳所著主题与北大讲座密切相关的另外两篇文章：第一篇勾画了美国人围绕"谁是美国人"的问题在历史上进行的长期辩论；第二篇审视了美国"自由"的概念在21世纪初的演变。附录部分的两篇文章，一篇是方纳教授

2017年在哥伦比亚大学为他举行的学术成就研讨会上的致辞,其中提到不少鲜为人知的成长故事,为首次发布,十分珍贵;另一篇记录了方纳教授两次向北大图书馆捐赠个人藏书的过程,展示他为北大和中国美国史研究作出的另外一种贡献。与方纳教授在过去半个多世纪里创作的辉煌学术成果相比,本书略显单薄,但浓缩了方纳学术的精华。大家小书——使用简洁的文字,讲述复杂的历史,揭示深刻的思想——体现的是一种做学问的境界,《19世纪美国的政治遗产》正是如此。

一 "方纳热"

方纳第一次来华是在2000年,以美国历史学会在任主席的身份应邀到国内五所大学讲学,但那次访问主要在世界史和美国史学者中引起较多的关注。[1] 2002年《美国自由的故事》中文版出版后,国内许多读者开始了解方纳。他的通史著作《给我自由》

---

[1] 关于这次访华经历的记录与报道,参见 Eric Foner, "Interpreting the Past in a New Present: Brief Encounters with History and Historians in China," *Perspectives* (American Historical Association Newsletter), Vol. 38, No. 6 (September 2000): 2, 40-42; [美] 埃里克·方纳:《在新的现实中解释过去:在中国与历史和历史学家的短暂相遇》,《美国研究》2000年第4期,146—152页;凤鸣:《方纳谈当代美国史学》,《史学理论研究》2000年第4期,143—144页。

中文版在 2010 年出版之后，读者激增。[2] 十七年后再度来华时，方纳发现自己在中国已经拥有数量可观的读者。北大的讲座场场爆满，许多听众只能席地而坐，更有学生忠实地将每次讲座译成中文通过网络与人分享。北大和清华的前沿学者张帆、汪晖、钱乘旦和王立新等教授分别主持了他在北大的讲座。中国美国史研究会和北大历史学系为他的来访联合举行了研讨会，数十位中国美国史学界的学者聚会北大，分享研究成果，并与方纳对话。北大人文社会科学研究院不仅为方纳提供了优质的办公环境，还精心安排了他与北大学生的座谈会。讲学期间，方纳还应邀到其他六所高校（东北师大、首都师大、重庆大学、四川大学、武汉大学和中央党校）做讲座，商务印书馆和中国政法大学出版社分别推出了他的两部近著的中译本。[3] 一时间，从南到北，出现了一股"方纳热"，有人甚至将之与一个世纪前美国哲学家杜威（也曾是哥大教授）访问中国时引起的轰动相比。

美国史学界也有自己的"方纳热"，始于 1970 年。当年，

---

[2] [美]埃里克·方纳：《美国自由的故事》，王希译，商务印书馆 2002 年版（2003 年，2005 年，2018 年重印）；[美]埃里克·方纳：《给我自由：一部美国的历史》（上下卷），王希译，商务印书馆 2010 年版（2013 年重印）；《美国历史：理想与现实》（上下卷），商务印书馆 2017 年版。

[3] [美]埃里克·方纳：《烈火中的考验：亚伯拉罕·林肯与美国奴隶制》，于留振译，商务印书馆 2017 年版；[美]埃里克·方纳：《自由之路："地下铁路"秘史》（雅理丛书系列），焦姣译，中国政法大学出版社 2017 年版。

27岁的方纳发表第一部专著,从意识形态的角度来讨论美国内战的起因,挑战传统的史学解释,一鸣惊人,引发了第一波"方纳热"。此后,每隔几年他便有一部重要专著问世,而每部专著都给史学界带来一次"方纳热"。2016年年初,为办理邀请手续,北大请方纳寄一份学术履历。57页的履历如期寄到,用极简文字写成。我大致数了一下,从1965年发表第一篇论文起到2015年截止,在50年里,方纳一共出版26种学术专著和编著,发表专业论文209篇,还撰写了上百篇书评和时事评论,并应邀在美国和世界各地做学术讲座和媒体访谈473次。履历没有列举他最引以为豪的一项成就——他一共培养和指导了75名美国史博士,其中多人已是美国和世界各地高校的知名教授。[4]桃李满天下,对方纳来说,是一份实至名归的荣誉。更高的荣誉则是来自同行的一致认可:方纳曾于1993年、2000年和2005年分别在美国历史学家组织(OAH)、美国历史学会(AHA)和美国历史学家协会(SAH)的会员直选中当选主席。对任何一位美国历史学家来说,能在这三大专业组织中的任何一个当选主席都是一种终身荣誉,而能在这三个组织中都当选主席的,唯有方纳一人,充分说明学界对他学术成就的高度认可。

2001年我在《美国自由的故事》的译跋中写道:方纳的成

---

[4] 此信息由作者在2019年4月与方纳教授的交谈中获得。

就与才华"时常被历史学界视为一个不可重复的神话故事",但事实上"方纳的学术生涯并非一个神话故事,而是一个天赋与勤奋、继承与发展、批判与创造之间完美结合的故事"。[5] 今天重温这段文字,我依然觉得它是实事求是的。如果有机会重写,我会补充一句话:**方纳的成就和成功还得益于他所处的时代**。20世纪60年代是方纳学术生涯的起步阶段,民权运动在此时进入高潮,"新社会史"方兴未艾,美国的美国史研究在这两种力量的推动下进入到一个新的时代。这个新时代具有一种激进、开放的民主视野,提倡批判精神,致力于推动社会正义,鼓励新一代历史学家以诚实的态度和由下而上、多元互动的视角来重新审视美国的过去,为一个追求更为平等、更具有包容性的美国建构一种新的人文知识基础。这是美国人文社会科学历史上的一个极为难得的伟大时代,我们今天见证的"新美国史学"(New American History)正是这个时代的产物,其成果也深刻地影响了美利坚民族对过去的反思和对未来的想象。因为有这个伟大时代的存在,更因为方纳的学术生涯与这个时代相伴而行,他获得了一个持续书写"天赋与勤奋、继承与发展、批判与创造之间完美结合的故事"的机会,并因此成为新美国史学的一位开拓者和领袖人物。

---

[5] 王希:《方纳:一个并非神话的故事(代译者的话)》,载 [美] 方纳:《美国自由的故事》,第514页。

时代并不自动地赋予任何人注定成功的机会，对方纳也是如此。从表面上看，方纳在起步时拥有一些他人难以企及的优势——出生于纽约市知识分子家庭，父亲（Jack Foner）和叔父（Philip S. Foner）都是优秀的历史学家，本科在哥伦比亚和牛津大学就读，博士论文得到史学名家理查德·霍夫斯塔特（Richard Hofstadter）的指导。但换个角度看，这些"优势"也完全可能是一种"负担"。事实上，从投身史学研究开始方纳就同时肩负了两种截然不同的美国史研究的传统：一种是"老左派"的传统，另一种是"主流"美国史传统，前者是他自幼从父辈的教育和写作中习得的，后者则贯穿于他的本科和研究生训练过程。两种传统对美国历史有不同的解读，各自内部还有更为复杂的分野和冲突。[6] 此外，正在兴起的"新社会史"也对新一代历史学家具有极

---

[6] 必须承认，我在这里对美国史学传统的划分是极为粗糙的。"老左派"历史学家既包括了信奉马克思主义历史观的学者（如方纳的叔父菲利普·方纳和赫伯特·阿普特克 [Herbert Aptheker] 等）的写作，也包括了并不属于马克思主义学派的左翼学者（如非裔美国人学者杜波伊斯等）的写作。"老左派"学者的研究因为政治和意识形态的原因，长期被排除在美国"主流"学界之外，被视为一种"非主流"的美国史研究。而这里所称的"主流"传统是一种针对"非主流"的称谓，其中的成分也很复杂和多元，包括了传统学派、进步主义学派、修正学派、后修正学派以及后来的"共识"学派等。关于方纳对"老左派"史学传统的评论，参见：Eric Foner, "My Life as a Historian," in Eric Foner, *Who Owns History? Rethinking the Past in a Changing World* (New York: Hill and Wang, 2002), 3-24; Gary Murrell, "On Herbert Aptheker and His Side of History—An Interview with Eric Foner," *Radical Historical Review*, Vol. 78, No. 6 (2000): 6-26; Xi Wang, "Interpreting,（转下页）

大的吸引力。这样，从一开始，方纳的学术创作注定要在一种多重史学传统交错、交锋的背景中进行，而他的成长经历和时代背景也决定了他的学术创作不可能是对某一传统的全盘继承或全盘否定，而必须是一种基于多种传统之上的创新。

二 "旧瓶新酒"的起步

创新的雄心在方纳写作第一部专著《自由土地、自由劳动、自由人：内战前共和党的意识形态》（以下简称《自由土地》）就明显地表现出来。[7] 这部著作的基础是方纳1969年在哥伦比亚大学完成的两卷本博士论文，其研究起源还可以追溯到他的本科论文。[8]《自由土地》力图解读的核心问题是：美国内战前夕北

（接上页）Teaching and Writing American History: Responsibilities of the Historians—An Interview with Eric Foner," *Chinese Historians*, Vol. X (Fall 2000): 1-18, esp. 16-17; Peter S. Field, "Talking Civil War History: A Conversation with Eric Foner and James McPherson," *Australasian Journal of American Studies*, Vol. 38 (December 2011): 1-32, esp. 1-4。

[7] Eric Foner, *Free Soil, Free Labor, Free Men: The Ideology of the Republican Party before the Civil War* (New York: Oxford University Press, 1970, reprint 1995).

[8] 方纳于1959年进入哥伦比亚大学本科部，1963年毕业后以Kellett Fellow身份进入牛津大学深造，1965年毕业，同年他的本科论文得到发表。参见：Eric Foner, "Racial Attitudes of the New York Free Soilers," *New York History*, Vol. XLVI (October 1965): 311-29; Eric Foner, "Politics and Prejudice: The Free Soil Party and the Negro, 1849-1852," *Journal of Negro History*, Vol. 50, No. 4 (October 1965): 239-256。

部分散的政治力量为何能够在共和党的领导下迅速联合起来赢得 1860 年总统大选和国会选举,从而成功地阻止了南部奴隶主势力借联邦权力将奴隶制扩展到美国西部的企图。从选题到材料的种类,这部著作看上去都是一部标准的"主流"美国史传统训练下的作品:研究的是美国史的经典问题,研究焦点放在政党领袖身上,虽然"意识形态"的解释框架令人感到耳目一新,但在同时代其他学者的著作中也可以寻觅到这种范式的痕迹。方纳曾提到尤金·吉诺维斯(Eugene Genovese)对南部奴隶制社会的研究方法激发他希望"对北部社会的世界观和意识形态"做一种类似的剖析。[9] 但《自由土地》在问题意识和政治识见上却是独树一帜,与众不同。在方纳之前,学界关于内战起因的讨论已有数代人的积累,各种"学派"交替登场,从宪政运作、经济冲突、州权意识、选民的族裔构成等不同角度来解释内战的发生,但极少将奴隶制问题当成一个核心问题来考虑,也很少采用思想史的路径。方纳决定挑战这种状况。他选择从北部共和党意识形态的建构入手,先是厘清构成共和党的北部政治派别的起源与政治诉求,然后追踪和梳理这些诉求的演变与交汇,从中整理出最终将它们联

---

[9] 方纳语。引自:Field, "Talking Civil War History," 1-32;关于方纳在这里提及的吉诺维斯的研究,参见:Eugene Genovese, *The Political Economy of Slavery: Studies in the Economy & Society of the Slave South* (New York: Pantheon Books, 1965)。

合在共和党名下的政治共识——对"自由劳动"价值观的推崇与捍卫。方纳认为,共和党在内战前政党重组中获得成功,关键在于它将奴隶制及其对自由体制的威胁带入到全国的政治辩论中,共和党的领袖人物有效地利用了"自由劳动"的思想,在北部进行了一场意识形态的"革命",不仅将分散的北部政治派别统合起来,还将区域间的经济利益冲突转化成为一场针对国家政治基础和立宪原则的定义之争,而当南北之争转变成自由体制与奴役制度的决斗时,双方不再具有任何妥协的余地,内战的发生就不可避免。[10]

《自由土地》给沉闷、老套的内战研究带来了极大的震撼。史学界的反响热烈,不光是因为它的研究扎实、见解精辟和写作精致——这些均是霍夫斯塔特史学风格的特征(霍夫斯塔特在同年去世),也不光是因为它出自一位极富才华的"青椒"之手,而是因为它带有一种前所未见的、具有穿透力的思想性。[11] 方纳的研

---

[10] 关于《自由土地》写作背景和内容的详细介绍,参见王希:《方纳:一个并非神话的故事》,第516—521页。

[11] 《自由土地》的章节很快为数种美国内战史和政治史读本收录,包括:David M. Reimers, ed., *Racism in the United States: An American Dilemma* (1972); Frank O. Gatell, et al., *The Growth of American Politics* (1972); Edwin Rozwenc, ed., *The Causes of the American Civil War* (1972); Allen David and Harold Woodman, eds., *Conflict and Consensus in American History* (1972); Charles Crowe, ed., *The Age of Civil War and Reconstruction, 1830-1900* (1975)。

究以令人信服的方式揭示了奴隶制、共和党意识形态的建构、北部的政治动员与内战发生之间的复杂关系，解释了为何北部在分享蔓延全国的种族主义思潮的同时还能建构起一种反对奴隶制的政治共识的原因。他的分析将奴隶制问题放到了对内战起因讨论的核心位置，一方面大大提升了内战所蕴含的反奴隶制的政治意义，另一方面则揭示了内战时期美国人围绕"自由"所产生的分歧。后者的意义更为重大，因为它显示了对"自由"（劳动者的自由）和"平等"（所有美国人在人权上的平等）的追求始终是美国政治传统的重要内容，这一思想将内战与民权运动联系起来。在思想性方面，方纳无疑是得益于来自"老左派"史学传统和风起云涌的民权运动的影响。在"老左派"史学传统中，对奴隶制和种族主义的批判始终是一个经久不衰的主题，方纳对此十分熟悉。而民权运动中南部白人对旧种族秩序的顽强坚守不仅暴露出美国社会在种族问题上的严重撕裂，而且促使方纳这一代知识分子更深刻地反省美国价值观内部存在的巨大矛盾。方纳后来回忆说，"对于我们这样从小在'老左派'家庭长大的人来说，20世纪60年代发生的事情并不令人感到特别惊奇"，因为他早就从父辈那里了解到被主流传统过滤掉的美国历史，并清楚地认识到美国的理想与现实之间"存在着巨大差距"。[12] 民权运动的发生也赋予他一种

---

[12] 方纳引语参见：Field, "Talking Civil War History," 1-32。

使命感，激励他去探讨内战时期美国人是如何围绕奴隶制与自由体制展开争论的，并揭示19世纪的反奴隶制斗争与20世纪的民权运动之间在意识形态上的联系。

回过头看，《自由土地》有一种"旧瓶装新酒"的意味：研究路径采用的是"主流"史学的范式，但问题意识却深受"老左派"史学传统的影响。在研究路径上，方纳并没有照搬"老左派"的"意识形态"概念和方法论，而是基于美国历史的发展，将共和党的意识形态界定成为一种"社会意识"，其中包含了北部普通民众的"信仰、价值观、恐惧、偏见、反思和意志"等。[13]《自由土地》的贡献远不止将反对奴隶制和思想史放回到内战史研究的核心位置，而同时也为美国政治史研究开辟了一个极为广阔的新空间：它启发历史学家去关注19世纪不同种类的改革运动与反奴隶制运动之间的联系，关注"自由"与"平等"之间的联系，关注"自由"思想本身的演变（这一点最终将在《美国自由的故事》中得到透彻的描述）。方纳的著作还有力地改造了传统的政党史研究，扩展了19世纪美国"政治"概念的内容，揭示了美国政治中"意识形态"的特殊性和本土性。[14]

---

[13] Foner, *Free Soil, Free Labor, Free Men*, 4-5.

[14] 这些思路在方纳于20世纪70年代发表的一系列文章中得到了更系统的阐述。参见：Eric Foner, "The Causes of the Civil War: Recent Interpretations and New Directions,"（转下页）

三 发掘"有用的过去"

《自由土地》是方纳学术生涯中的第一个里程碑，也赋予他继续创新的信心和机会。博士毕业后，方纳破格留校，开设了哥大历史系第一门美国黑人史课程，希望将被过滤掉的"有用的过去"带入到"主流"美国史研究和教学中来。这样做是对民权运动之后的新美国的一种回应，但需要有极大的勇气，因为他要面对来自各方面的压力，包括黑人学生的"抗议"（后者认为黑人史应该由黑人学者来教）、传统课程设置的抵触（课程设置直接决定着学生的基础知识的结构和训练）和教材的缺乏等。[15] 严格学术意义上的黑人史学起源于 20 世纪初，但因为根深蒂固的种族主义的影响，在民权运动之前，即便是受过正规训练的非裔美国人历史学家也一直无法进入"主流"学界，能够开设黑人史课程的大学屈指可数，黑人史教材几乎是一片空白。民权运动的发生凸显了黑人史研究的重要性，但当时黑人史的研究成果不多，尚未形成

（接上页）*Civil War History* (September 1974): 197-214; "Politics, Ideology, and the Origins of the Civil War," in George M. Fredrickson ed., *A Nation Divided*, (Minneapolis: Burgess Pub. Co., l975), 15-34; "Slavery and Politics," in Henry Steele Commager ed., *The American Destiny*, (New York: Danbury Press, 1976), 187-232; "Abolitionism and the Labor Movement in Ante-Bellum America," in Christine Bolt and Seymour Drescher, eds., *Anti-Slavery, Religion and Reform* (William Dawson and Sons, 1980).

[15] 关于这段经历的讨论，参见：Foner, "My Life as a Historian," 3-24, esp. 11-12。

声势,在这种情况下,方纳首先需要做的是将与黑人史相关的重要历史文献编纂成册,作为教材,带入到课堂中。1970年和1971年,他编辑和出版了《美国黑人的过去》和《纳特·特纳》两部黑人史读本,为正在起步的黑人史教学提供及时的帮助。[16]方纳希望这些读本不但可以帮助白人社会了解黑人的历史,还能够纠正传统主流史学对黑人历史的深刻偏见。他在选取文献时,注重强调黑人在美国历史上的主体性、黑人社区的建构和黑人思想的内涵,力图呈现黑人历史的丰富性以及黑人史与美国史之间的密切相关性。方纳的另外一个更深的用意则是通过读本将非裔美国人作为美国历史正剧的"演员"纳入到专业研究和教学中来。在《美国黑人的过去》的前言中,方纳写道:尽管美国黑人在美国生活中扮演了重要的角色,但多数美国白人却一直认为黑人是没有历史的人民,对他们的了解仅限于他们曾经是奴隶这一事实;他的读本则希望"拨乱反正",从正面的角度来呈现非裔美国人对美国历史的贡献。[17]今天,非裔美国人史学早已成为美国史研究的"显学",方纳作为这一领域的开拓者功不可没。

与开启非裔美国人史教学的努力密切相关的是方纳对美国"激

---

[16] Eric Foner, ed., *America's Black Past: A Reader in Afro-American History* (New York: Harper & Row, 1970); Eric Foner, ed., *Nat Turner* (Prentice-Hall, 1971).

[17] Eric Foner, "Introduction," *America's Black Past*, xiii-xiv.

进主义"(radicalism)传统的研究,后者在方纳看来也是被主流史学"过滤"掉的重要的美国历史传统。60年代风起云涌的社会抗议运动令许多保守派感到十分恐惧,但对方纳来说,对旧秩序的挑战和抗议,哪怕是诉诸激进方式,并非外来的"非美"思想和行为,而是地地道道的一种美国传统,值得历史学家将其当成"有用的过去"来发掘。1974年,当他应邀参加霍夫斯塔特纪念文集的写作时,他选择了重建时代国会激进共和党人撒迪厄斯·斯蒂文斯(Thaddeus Stevens)作为题目,打响了他在重建史学中的"拨乱反正"的第一枪。传统史学将斯蒂文斯视为重建政治中的一个狂热的激进派政客,而方纳认为,斯蒂文斯是重建时代的最具远见卓识的改革者,因为他敢于提出启动联邦政府权力为获得解放的黑人分配土地的经济重建方案,虽然这一方案最终未能得到采纳,但它代表了一种对19世纪美国资本主义体制的重要改革。从表面上看,方纳对斯蒂文斯的研究似乎证实了他的导师霍夫斯塔特的一个观点——对资本主义价值观的捍卫是美国政治传统的核心内容之一,但如果仔细阅读,人们会发现方纳的写作不是证明美国资本主义的根基如何坚不可摧,而是力图呈现美国历史上提倡用政府力量来推动经济民主的激进思想传统。[18]

---

[18] Eric Foner, "Thaddeus Stevens, Confiscation, and Reconstruction," in Stanley Elkins and Eric McKitrick, eds., *The Hofstadter Aegis: A Memorial*, (New York: Alfred A. Knopf, 1974), 154-183.

这一时期方纳对激进主义传统的最重要研究应该是1976年出版的《汤姆·潘恩与革命时期的美国》(以下简称《潘恩》)。[19]"主流"史学通常因其激进思想和行为将潘恩排斥在美国"国父"的行列之外,方纳则希望为潘恩"平反",恢复其在美国政治思想历史上的核心位置。在准备《潘恩》一书的写作时,方纳曾到英国讲学一年,在那里受到英国劳工史学家汤普森(E. P. Thompson)和新马克思主义历史学家霍布斯鲍姆(Eric Hobsbawm)等人的影响,并从美国新劳工史领域的领衔学者赫伯特·戈得曼(Herbert Gutman)的写作中获益甚多。他于是改变了传统的思想史研究范式,将底层社会的政治意识纳入到研究范围之内。[20]虽然《自由土地》与《潘恩》都属于思想史的作品,但后者在研究路径上有明显的不同,可以说是传统的思想史与新社会史相结合的一种尝试。该书通过梳理潘恩思想在美国和跨大西洋世界产生与传播的过程,凸显了潘恩为美国革命作出的关键贡献——从思想上将殖民地争取独立的斗争转化为一种创造新共和国家的斗争,展示了中下层人民对潘恩创立的革命话语的重要贡献,也描述了潘恩的思想与语言对中下层社会的政治民主化要求所产生的重大影响。

---

[19] Eric Foner, *Tom Paine and Revolutionary America* (New York: Oxford University Press, 1976, reprint 2004).

[20] Foner, "My Life as a Historian," 12-13;王希:《近30年美国史学的新变化——埃里克·方纳教授访谈录》,《史学理论研究》2000年第3期,第75页。

在完成《潘恩》一书后，方纳还为卡托研究所出版的《关于自由的文献》一书编选了从美国革命到内战时期的"激进个人主义"文献。[21] 种种迹象显示，当时的方纳似乎希望梳理美国激进主义的传统，并证明这种传统的正当性和美国性。在这一点上，方纳与传统学派和"老左派"传统都保持着清楚的距离。他反对将激进主义视为"非美"和"反美"的传统，也拒绝套用"老左派"的意识形态透镜来解读美国激进主义，而是希望从美国历史自身来发掘和梳理激进主义的传统。这个时期的写作与思考无疑对他后来创作《美国自由的故事》做了重要的知识铺垫。

四 重建"重建史学"

帮助方纳将上述几个主题——内战史、重建史、非裔美国人史、激进主义传统——串联起来、融为一体的是《重建：美利坚未完成的革命（1863—1877）》的研究与写作。[22] 重建是美国在内战之中和之后在宪政秩序、经济秩序、种族关系和政府功能发

---

[21] Eric Foner, ed., "Radical Individualism in America: Revolution to Civil War," in Cato Institute, *Literature of Liberty: A Review of Contemporary Liberal Thought*, Vol. 1, No. 3 (July /September 1978).

[22] Eric Foner, *Reconstruction: America's Unfinished Revolution, 1863-1877* (New York: Harper & Row, 1988).

生历史性转型的时期,其过程跌宕起伏、纷繁复杂,自19世纪末起就一直是历史学家关注的话题。方纳在中学时代曾对历史课老师讲的重建史观提出质疑,老师给他一个在课堂上讲述重建史的机会,讲完之后,全班只有一位同学对他的"重建史观"表示支持。这件事对少年方纳很有触动,进大学后他立志要写一部重建史。[23] 但真正给予他机会的却是来自"主流"学界的邀请。1975年,方纳收到著名历史学家理查德·莫里斯(Richard Morris)的邀请,请他为哈珀出版公司的"新美国国家史丛书"写一部重建史。这样的荣誉通常保留给在学界享有盛名的资深历史学家,方纳没有多想便接受了邀请,并打算用两三年时间在现有学术成果的基础上写一部综述性的断代史。但开始研究之后,他很快感到任务并不轻松。挑战之一是如何处理众多不同的重建史学传统,尤其是如何处理统治重建史学长达数十年之久的"唐宁学派"(Dunning School)的传统。该学派起源于19世纪末种族主义甚嚣尘上、美国进入帝国主义阶段的时候,在20世纪上半叶经过多年的经营与传承,形成了一个根深蒂固、传播甚广的学术门派,在学界外的

---

[23] Eric Foner, "My Life as a Historian," 14-15; 参见:Eric Foner, "Writing About Reconstruction: A Personal Reflection," in Winfred B. Moore, Jr., and Joseph F. Tripp eds., *Looking South: Chapters in the Story of an American Region*, (New York: Greenwood Press, 1989), 3-13.

大众记忆和大众文化中也很有影响。该学派将重建视为美国历史上的一个"悲剧"和"仇恨"时代，认为国会共和党人出于惩罚南部退出联邦行为的动机，推翻了安德鲁·约翰逊总统的温和重建计划，错误地将选举权赋予了黑人，强制性推行激进改革，结果导致种族关系紧张、政府腐败丛生，虽然最终白人社会夺回了州政权，但南部却经历了一场政治灾难。在民权运动兴起前后，历史学界分别出现过"修正学派"和"后修正学派"，对唐宁学派进行批评和对重建进行重新解读。"老左派"和黑人史学也曾对唐宁学派提出过反驳——著名黑人历史学家杜波伊斯（W. E. B. Du Bois）1935 年出版的巨著《黑人的重建》就是对唐宁学派的一种正面挑战，但因为政治原因，这些挑战都未能得到"主流"学界的重视。民权运动之后，"新社会史"和黑人史开始兴起，重建史领域出现了一些新的地方史研究成果，但它们研究分散，无法形成一种具有总体意义的新重建史观来与"唐宁学派"的重建史观抗衡。处理史学史问题的困难让两名资深历史学家望而生畏，退出了这个项目的写作。[24]

---

[24] Foner, "Writing About Reconstruction: A Personal Reflection," 2-13; Foner, "Reconstruction Revisited," *Reviews in American History*, Vol. 10, No. 4 (December 1982): 82-100. 关于杜波伊斯的重建史巨著，参见 W. E. B. Du Bois, *Black Reconstruction in America; An Essay toward a History of the Part Which Black Folk Played in the Attempt to Reconstruct Democracy in America, 1860-1880* (New York: Russell & Russell, 1935)。（转下页）

但更大的挑战则是如何重构一套新的重建史叙事。如果新的重建史只是对现有重建史学传统的梳理和综述，其史学意义是要大打折扣的；民权运动的发生及其成果——包括1964年《民权法》和1965年《选举权法》的立法、联邦政府为实施这些法律而采取的行动、南部黑人公民因重新获得选举权而给南部政治带来的巨大改变等——都生动地演绎了一个世纪前的重建宪政革命。如何对第一次重建的历史作出正确的评价，如何将重建与民权运动的关联性呈现出来，这是方纳面临的挑战。所以，他认为写作重建史不仅是一种学术任务，还是一种"政治任务"（political task）。[25] 完成这一任务的关键在于建立一种新的解释框架和重建史观，而两者都需要进行大量的原创性的原始材料研究，所以任务的艰巨性远远超出最初的设想。

1978—1979年在南部的档案研究帮助方纳建立起了信心。在这次研究中，方纳在南卡罗来纳州历史档案馆里发现了一百多箱重建时期该州州长收到的公民来信档案，里面包含了大量来

（接上页）关于唐宁学派与美国重建史学史的最新介绍，参见 John David Smith and J. Vincent Lowery eds, *On the Dunning School: Historians, Race, and the Meaning of Reconstruction*, (Lawrence: University of Kansas Press, 2013), esp. ix-xii (Eric Foner's Forward); 参见王希：《美国"重建"史学述评》，载中国留美历史学会编：《当代欧美史学评析：中国留美历史学者论文集》，人民出版社1990年版，第291—310页。

[25] Eric Foner, "Writing About Reconstruction: A Personal Reflection," 3-13.

自基层黑人的信件。[26] 这些信件所包含的信息十分丰富，用方纳的话来说，它们记录了重建时期发生在南部基层的"乌托邦般的希望、破碎的梦想、卑劣的暴力行为、争取人类尊严的英雄行动、种族隔阂、黑人与白人之间的合作"等情况。这个发现给他极大的启发，他随之走遍了南部各州的档案馆，获得了重建时期黑人政治的大量一手史料，其中多数是历史学家从未使用过的。与此同时，他也对不同传统的重建史学史进行抽丝剥茧式的阅读和提炼，对杜波依斯在《黑人的重建》中提出的观点——重建是一场将奴隶变为公民的现代化运动——尤其重视。深入的档案研究和对现有成果的全面梳理对方纳的构思起了关键作用，也帮助他找到了将新社会史、激进主义传统、黑人史和联邦国家宪政转型结合起来的书写框架，并开始形成自己的重建史观：重建是美国内战之后进行的一场激进的、具有革命意义的改革，它的核心问题是界定从内战中获得解放的黑人的地位和权利，由此产生的一系列问题决定着美国"自由的新生"的内容和范围，非裔美国人在重建中扮演了积极、重要的角色，而重建时期建立的强调公民平等的宪政主义秩序也成为20世纪民权运动和权利革命的宪政基础；所以，重建不是美国历史上的灾难和悲

---

[26] Foner, "Writing About Reconstruction," 13.

剧,而是美国的第二次建国实践,其立法结构和从中产生的国家治理经验,以及黑白合作的种族关系是美国历史上的一种宝贵遗产。[27]

依循这些思路,方纳从20世纪80年代初开始发表研究成果。1983年出版的《除了自由一无所有:奴隶解放及其遗产》讨论了内战后南部政治和经济秩序建立的过程,并将之与加勒比海英属殖民地的奴隶解放进程进行了比较,对黑人获得选举权和联邦国家角色的转换都做出了正面的评价,将黑白共和党人在奴隶制废墟上建立的跨种族民主称为是"19世纪世界的一场令人惊奇的(民主)试验"。[28] 在同期发表的一系列专论中,方纳对重建时期基层黑人领袖的背景、思想与行为进行详细讨论,既驳斥了"唐宁学派"将黑人政客统统斥为愚昧无知的说法,也纠正了"修正学派"对黑人领袖进行粗糙分类和过分抬高的做法。在评价黑人政治觉悟和能力方面,方纳与杜波伊斯等左翼学者保持了一定的距离,反对将重建时期的黑人政治视为一种脱离美国政治和历史语境的"无

---

[27] Eric Foner, "The Continuing Evolution of Reconstruction Historiography," *Magazine of History*, 4 (Winter 1989), 11-14.

[28] Eric Foner, *Nothing But Freedom: Emancipation and Its Legacy* (Baton Rouge: Louisiana State University Press, 1983), 40.

产阶级革命",而是强调黑人政治是美国本土政治的演绎。[29]

1988年出版的《重建：美利坚未完成的革命（1863—1877）》(以下简称《重建》)对上述观点做了更为全面、系统和细致的论证。从结构上来看，方纳在纵横两个方面扩展了重建史叙事，他不再将重建视为一场南部的改革，而是将其定义为全国范围内的、意义深远的政治、经济和社会革命，其核心内容是如何将前奴隶"变成自由的劳动者和平等的公民"。在这个新的解释框架下，方纳创造了一种全新的重建史叙事，讨论了黑人如何参与重建政治议程的设置和实施，描述了共和党内部、国会与总统之间、联邦与州政府之间如何围绕黑人的地位和权利展开博弈，并以雄厚扎实的史料展现了南部黑人在争取经济自立和政治平等、创办州立公共教育、建立社区组织等方面所做的极具创意性的努力。

---

[29] 方纳在这一时期发表的相关研究参见："Reconstruction and the Black Political Tradition," in Richard L. McCormick ed., *Political Parties and the Modern State*, (Rutgers University Press, 1984), 53-70; "Rights and the Constitution in Black Life during the Civil War and Reconstruction," *Journal of American History* (December 1987): 863-883; "Black Reconstruction Leaders at the Grass Roots," in Leon Litwack and August Meier eds., *Black Leaders of the Nineteenth Century*, (Urbana: University of Illinois Press, 1988), 219-236; "Politics and Ideology in the Shaping of Reconstruction: The Constitutional Conventions of 1867-1869," in Numan V. Bartley ed., *The Evolution of Southern Culture*, (Athens: University of Georgia Press, 1988), 48-66; "Languages of Change: Sources of Black Ideology during the Civil War and Reconstruction," in Loretta V. Mannucci ed., *The Languages of Revolution*, (Milan, 1989), 273-288。

方纳认为，重建的改革虽然得以实施的时间不长，但它为20世纪美国宪政的改革、政府职能的转换、黑人与白人改革者之间的合作开创了先例，成为20世纪美国的改革运动可以利用的重要遗产。[30]

《重建》再次展现了方纳驾驭和组织史料的非凡能力。该著获得多项大奖，影响力长盛不衰，被誉为重建史研究的"圣经"。[31] 从方法论的角度看，《重建》有力地推动了美国政治史研究的基层转向，促使历史学家将眼光放在基层黑人群体之上，观察他们如何领悟和习得政治意识，如何运用政治体制去争取和捍卫权利。这个被方纳称为"政治化"的命题对黑人史和相关领域的研究都极富启发性。

方纳在1993年出版的《自由的立法者》则记录了重建时期在南部各州担任民选官员的近2000名黑人政治家的生平信息。这部著作的信息收集是方纳从在南部做档案研究时开始的，后来在无

---

[30] 关于《重建》一书的展开讨论，参见王希：《方纳：一个并非神话的故事》，第524—529页。

[31] 《重建》获得的专业奖包括班克罗夫特最佳美国史著作奖（Bancroft Prize）、帕克曼奖（Francis Parkman Prize）、洛杉矶时报历史著作奖（Los Angeles Times Book Award for History）、特里林奖（Lionel Trilling Award）以及奥斯利奖（Oswley Award）。方纳随后出版了这一巨著的简写本：Eric Foner, *A Short History of Reconstruction* (New York: Harper & Row, 1990, reprint 2014).

数的南部重建地方史研究中进行核实后才完成,耗时巨大,但它为推翻"唐宁学派"的结论、支持新的重建史观提供了坚实的原始史料证据,具有极高的史学价值,也为后来者研究重建史和非裔美国人政治史提供了可靠的参考。[32]

五 创作"自由"叙事

《重建》奠定了方纳作为"新美国史学"开拓者和领袖人物的地位。1990年,他受美国历史学会的委托,负责编写了《新美国史学》一书,为专业研究与教学提供了重要的史学史指南。次年他又与哥伦比亚大学历史系的同事约翰·加拉第(John Garraty)合编了《美国历史读者参考大全》,将专业史学的研究成果及时与大众读者分享。[33] 在90年代,方纳应芝加哥市历史学会和弗吉尼亚州历史学会的邀请,分别参与了美国内战和重建史的大型展

---

[32] Eric Foner, *Freedom's Lawmakers: A Directory of Black Reconstruction Officeholders* (New York: Oxford University Press, 1993, revised ed., Louisiana State University Press, 1996).

[33] Eric Foner, ed. *New American History* (Philadelphia: Temple University Press, 1990, revised and expanded edition, 1997). 该书的最新版本为:Eric Foner and Lisa McGirr eds., *American History Now*, (Philadelphia: Temple University Press, 2011); Eric Foner and John Garraty, eds. *The Reader's Companion to American History* (Houghton-Mifflin, 1991)。

览的策划与写作。这两个展览展出后,在公众中引发了强烈的反响。[34] 方纳还应邀为迪士尼乐园的"美国总统历史"节目撰写解说词,担任美国联邦公共电视台(PBS)制作的重建史纪录片和纽约百老汇音乐剧《内战》的历史顾问,并与其他历史学家一起发起了在南卡罗来纳州建立内战纪念遗址的申请活动,呼吁将内战中获得解放的奴隶进行自由劳动的活动作为国家历史记忆的一部分永久保存下来。方纳认为,历史学家有责任与大众分享史学研究的成果,将正确的历史知识有效地传达给大众,但在参与公共史学实践的时候必须严守实事求是的原则。[35]

方纳卷入公共领域最深的是1994年关于美国中小学历史教学指南的全国性辩论。辩论的焦点是美国学生究竟应该学习什么样的美国历史。由历史学家和公共利益团体共同制定的"指南"希望将新美国史学的成果融入历史教学中,却遭到保守派的强烈反对。辩论起源于80年代,与90年代国内和国际政治的变化有密

---

[34] 芝加哥历史学社举行的内战史展览还获得了伊利诺伊州人文委员会的汤纳奖(Lawrence W. Towner Award)和美国历史学会的罗宾逊奖(James Harvey Robinson Prize)。同见:Eric Foner and Olivia Mahoney, *A House Divided: America in the Age of Lincoln* (New York: Norton, 1990) and *America's Reconstruction: People and Politics After the Civil War* (HarperCollins, 1995)。

[35] Field, "Talking Civil War History," 1-32; 王希:《近30年来美国史学的新变化——埃里克·方纳教授访谈录》,第70—71页。

切的关系。共和党人里根的当选带来了保守主义思潮和政策的复兴，冷战的终结致使国际政治中的意识形态两极对抗骤然停止，保守派在欢呼冷战胜利的同时，也对民权运动的重要成果——包括多元文化主义政治与实践——发起了全面批判，包括对新美国史学进行质疑。此刻担任美国历史学家组织主席的方纳，始终站在辩论的前列，为捍卫新美国史学的成就立下了汗马功劳。方纳注意到，保守派政客对新美国史学最为不满的是说后者过分渲染了美国历史上的"黑暗面"，诋毁了美国的光荣传统，并过分强调了以种族、性别和阶级为基础的群体经历，破坏了公民对美国政治传统的欣赏和认可。[36] 在 1994 年的美国历史学家组织主席演讲中，方纳已经提出了美国"自由"是一个有争议的概念的观点，但同年赢得国会中期选举的共和党众议院议长纽特·金里奇（Newt Gingrich）在电视访谈中声称，美国自由的核心内容是市场自由、企业自由、经济上不受政府管制的自由。方纳后来回忆说，正是在听到金里奇对自由的定义之后，他决定写一部关于美国自由的

---

[36] 关于方纳参与辩论的文章，见：Eric Foner, "The Canon and American History," *Michigan Quarterly Review*, 28 (Winter 1989): 44-49; "Teaching American History," *American Scholar*, 67 (Winter 1998): 94-96. 关于美国历史教学指南的辩论的介绍，参见王希，《何谓美国历史？——围绕〈全国历史教学标准〉引起的辩论》，《美国研究》1998年第4期，第7—40页；关于围绕多元文化主义的辩论的讨论，参见王希：《多元文化主义的起源、实践及其局限性》，《美国研究》2000年第4期，第44—80页。

著作，以反驳保守派对美国自由的解读。[37]

如何写作一部能够完整表现美国自由的丰富内容的历史叙事，在方法论上，是一个新的挑战，不小心的话，很容易写成一部关于自由的抽象含义的讨论。方纳做出了一个大胆的决定：以"自由"为关键词，写一部美国人对"自由"的认知史和经验史。方纳认为，无论关于自由的哲学定义如何周到和完美，它都无法完整地捕捉到"处于历史中的个人对自由的体验和解释"，因为现实中的自由不是抽象的，而是一种"贯穿于法律和公共政策中的经验"、一种权力的表现和对权利的享有，关于自由的讨论不能脱离社会和历史背景。方纳的这种构思包含了复杂的成分，既有霍夫斯塔特史学的影响（后者强调"思想"[idea]和"经验"[experience]的互动），也有他从《自由土地》和《潘恩》的写作中所观察的"自由"的多元性的影响，更有《重建》研究带给他的激励——那些被排斥在主流叙事之外的美国人不仅拥有自己的自由定义，而且他们的自由思想最终会成为美国自由思想

---

[37] "The Meaning of Freedom in the Age of Emancipation," *Journal of American History*, 81 (September 1994), 435-60; 中文版参见[美]埃里克·方纳：《黑奴解放时代美国自由的意义》，王希译，《中国社会科学季刊》（香港），1995年春季号，160-180页；同见：埃里克·方纳、汪晖、王希：《关于〈美国自由的故事〉的对话》，《读书》2003年第6期，第57—71页。

的一部分。[38]

《美国自由的故事》于1998年出版,这是方纳带给历史学界的又一个惊喜,不仅在美国国内引起强烈反响,还被翻译成多种文字,并为专业史学如何与公众史学结合树立了一个典范。[39]《美国自由的故事》以"自由"作为叙事主线,从"政治自由""公民自由""经济自由"和"选择自由"等侧面来考察不同时期的不同美国人群体对这些"自由"的理解和享有,并揭示不同"自由"的竞争与较量。与此同时,方纳还引入了"自由的认知"(什么是自由)、"自由生长的条件"(对自由的享有如何在权力体制中成为可能)和"自由的界限"(谁应该享有自由)三个分析维度,来建构一个具有逻辑性的整体叙事,讨论不同"自由"之间的相互关系,并说明关于"自由"的争论如何不断改变了美国"自由"的内涵与范围。基于这样的叙事,方纳提出了一系列关于美国自由的认知:美国自由并非一个固定不变的思想或概念,而是一个价值复合体,其中同时包含了相互对立的价值诉求;美国历史的每一阶段都充满了不同"自由观"之间的冲突和竞争,美国自由的历史也因此始终是一个"充满辩论、争议和斗争的故事",美国

---

[38] Eric Foner, *The Story of American Freedom* (New York: Norton, 1998), xvii-xviii.

[39] 该书的外文译本包括:意大利文版(2000)、中文版(2002)、日文版(2008)、西班牙文版(2009)。

自由的叙事也不应该是直线式的,而应该是一种"竞争性叙事"(contested narrative,旧译"质疑性叙事");自由的这种复杂性和反复性也说明,美国自由并不是绝对的,可以给予的自由也可以被剥夺,一切取决于政治斗争的结果。

与他先前的创作相比,写作《美国自由的故事》难度更大,因为方纳必须熟悉和掌握19世纪美国史之外的研究成果,并对其进行有效的提炼。此外,他需要做大量新的史料研究,以求精准地识别和呈现不同的"自由"思想,建构一部具有内在逻辑性的自由叙事。方纳的确希望通过《美国自由的故事》的写作来创造一种新的美国史叙事,将不同的史学传统整合起来,但他深知这样做的风险,所以他称《美国自由的故事》的写作如同是一场"赌博"。但这一努力得到了学界内外的赞赏。历史学家艾伦·布林克利(Alan Brinkley)教授对《美国自由的故事》的评价甚高,认为在将如此复杂而广泛的研究成果以如此连贯有力的方式组织起来方面,没有人比方纳做得更好。[40]

---

[40] 方纳和布林克利引语,参见:Karen J. Winkler, "Noted Historians Traces Changing Notions of Freedom in the Hearts and Minds of Americans," *The Chronicle of Higher Education*, October 23, 1998, A15.

六 建构新的民族记忆

《美国自由的故事》为方纳写作《给我自由:一部美国的历史》奠定了基础。其实,在方纳学术生涯起步的时候,他根本没有想到自己最终会将大量时间投入到写作通史教材之中,但他必须回应时代的召唤。在20世纪后半叶,美国国内形势、美国与世界的关系都发生了重要的变化,令方纳这一代历史学家感到,传统美国史教学已经不能适应一个经过民权运动和多元文化主义洗礼的"新美国"的需要,冷战的结束和新保守主义的复兴也对历史学界提出了新的挑战。传统的美国史叙事通常以盎格鲁-撒克逊白人群体的政治历史为主体,强调"天定命运"和"美国例外论"的主题,呈现一条单向的、直线的、"从胜利走向更大胜利"的美国历史。在这样的历史叙事中,美国历史上的许多不正义、不自由和不平等现象被掩盖被过滤,一大批美国人的历史被排斥在历史教学之外,不仅他们对美国历史的贡献得不到承认,还否定了他们对美国政治思想的重要贡献,制造了一种并不完整、并不完全真实的美国历史。方纳感到,"新的美国"需要一种新的美国历史知识,需要一种能为越来越多元化的美国人所分享的国家认同。这种紧迫感成为推动他写作通史的动力。

史学发展本身出现的问题也引起了方纳的警觉。20世纪后半叶,"新社会史"、族裔研究、社会性别研究、语言转向、后现代史学、跨国史等新学派不断出现，研究成果也层出不穷，一方面丰富了美国史的研究，同时也使美国史研究的"碎化"现象日趋严重，对通史教学造成了一些困扰，并引发了史学界内部的批评与反思。2000年方纳当选为美国历史学会主席后，位置不同，视野也更为开阔，对"碎化"问题更加关注。他在一次访谈中提到，传统史学有一套脉络清晰的美国史叙事模式，能清楚地勾画美国发展的脉络，非常适用于通史课教学，但在新美国史学时代"如何将美国历史经验的多元性和复杂性准确地传达给学生，并帮助他们理解为何'自由'和'民主'等这些概念不断被质疑、挑战和被重新定义"是一个极大的挑战。对于新兴学派的一些观点，方纳也不是照单全收。譬如他反对将历史叙事统统斥为虚构的说法。他强调说，历史学的本质就是"表现和叙述因时间的推移而产生的变化"，讲历史仍然离不开叙事，不能只"给学生机械地罗列一大堆不带历史概念的事实和数据"。[41] 他当时希望创作一种新的叙事，能如实地反映和呈现不同美国人群体的历史经验，又能体现不同群体的历史之间、所有群体与全民族的经历之间的关系。这种思考的结果是《给我自由》的写作。

《给我自由！一部美国的历史》（以下简称《给我自由》）于

---

[41] 王希：《近30年美国史学的新变化——埃里克·方纳教授访谈录》，第68—69页。

2004年出版，很快成为美国高校最受欢迎的美国通史教科书。[42]《给我自由》虽然采用了《美国自由的故事》的主题思想，但在叙事结构、内容、材料和写作风格上却具有自己鲜明的特征。在时段方面，它覆盖了美国史的全部历程，从前殖民地时代一直延续到21世纪初，并将美国史的起源提前到哥伦布发现新大陆、欧洲帝国殖民美洲的15世纪末，这样的处理是为了凸显美国史与美洲史、世界史的密切关系，也是一种挑战"美国例外论"的努力。在主题方面，它将政治、经济、法律、文化、思想、社会和环境等侧面都纳入美国"自由"史的叙事之中，注重讨论这些侧面相互之间的关系，提供了一部以自由为主线，结构完整、内容丰富、叙事连贯的美国历史故事。《给我自由》最为成功之处，在于全面、充分和细致地呈现"新美国史学"的研究成果，通过"自下而上"的研究视角，呈现被传统史学所忽视和无视的其他美国群体的历史经验，对土著美洲人、非裔美国人、拉丁裔美国人、妇女、移民、劳工、激进改革派和曾被压制的宗教群体等的历史予以了大量的关注，亚裔美国人的历史也在该书中占有一定的位置，这在传统的通史著作中是极为罕见的。但方纳对群体史的处理不是在传统叙事的框架上添加一些装饰性叙事，而是将它们当成美国史正剧本身的一部分。所以，《给我自由》绝非一种"政治

---

[42] Eric Foner, *Give Me Liberty: An American History* (New York: Norton, 2004).

正确"的姿态，而是反映了美国史学界在认知美国历史方面的一种深刻而真实的整体转向，而方纳之所以能够如此淋漓尽致地展现这种关注，恰恰是因为"新美国史学"在过去几十年里取得了丰硕的成果，为方纳的写作提供了丰富、过硬，和可信赖的历史素材，方纳则通过《给我自由》将这些成果提炼出来，融入到新的美国通史叙事中，使其成为民族记忆的一部分。[43]

如同先前的著作一样，方纳并没有拒绝或抛弃传统美国史学的成果，事实上，在谋篇布局、主题设计、内容搭配和材料取舍等方面，方纳刻意追求一种"新美国史学"与传统史学主题之间的平衡。他希望《给我自由》既能反映不同群体的历史经验，又能体现各群体历史经验之间的相关性和交叉性，并能如实呈现所有美国人共享的传统——对自由的追求。为传统史学所重视的精英人物和历史事件在《给我自由》中仍然占有自己的位置，但它们不再是美国历史叙事中唯一、全部的内容；美国历史大剧的主要演员也不再只是精英人物，而是增加了大量曾被有意过滤或忘却的人物，包括力图摆脱奴隶制压迫的奴隶、为争取选举权和堕胎权而奋斗的女权主义者、为批判垄断资本主义被投入监狱的社会主义者等。恢复这些群体的历史地位，发掘并解读它们的历史，使读者不仅能够获取更完整、更客观、更具有包容性的美

---

[43] 王希:《〈给我自由〉与"新美国史学"》,《读书》2011年第5期，第59—63页。

国史知识，而且能够得到一种对那些我们耳熟能详的美国历史事件、思想和人物的新的、更令人信服的历史解读。

在写作技巧方面，《给我自由》充分展示了方纳作为一个史学大师的技艺和风范。该书围绕"自由"这一主题，按时间顺序，将不同时段的历史事件、历史人物、历史思想串连起来，融为一体，构成前后呼应、具有内在联系的叙事。全书的史实多而不杂，繁而不乱，结构清晰，叙述流畅，既有细致入微的生动描述，也有画龙点睛的精辟分析，令人难忘的故事与发人深省的思想交相辉映，一些不为人注意的时间、人物和思想经过方纳的点石成金的叙事安排，成了读者理解美国"自由"和美国历史的关键细节，时常给人豁然开朗的震撼感。方纳还为《给我自由》编选了《自由之声》文献读本，从大量的历史文献中选择美国历史上不同时期、处在不同地位的美国人对"自由"的定义和解读，不仅丰富了叙事，还带给当代读者一种不可抗拒的历史联想力和对不同美国自由传统的欣赏。[44]

七 伟大时代的写照

《给我自由》出版之后，方纳的写作并没有停止，而是一如既

---

[44] Eric Foner, ed., *Voices of Freedom: A Documentary History* (New York: Norton, 2004).

往地以高产、高质量和高效率的方式进行着。在过去十年（2010—2019）中，他又出版了三部专著，都与内战、重建和奴隶制的历史相关，其中《烈火中的考验：林肯与美国的奴隶制》（以下简称《烈火中的考验》）和《自由之路："地下铁路"秘史》（以下简称《自由之路》）都再现了方纳极为精湛的研究技艺。《烈火中的考验》处理的是内战史研究的另一经典问题——林肯在美国废奴进程中扮演的是什么角色，他是不是大众话语中的"伟大解放者"？方纳在材料上并不占优势——因为所有林肯的材料都是公开的，但他采用的方法却是独到的。他将林肯放回到内战时代的语境之中，详细记录和跟踪林肯在奴隶制问题上的态度、思想和政策的变化与演进，观察林肯如何在不同时间对不同的民意做出反应，观察他如何与废奴主义者交往并如何从后者的立场中吸收精神营养。全书的文献考证丝丝入扣，分析令人信服。该书不仅成功地描述了林肯从一个温和的反奴主义者转化成长为坚定的废奴主义者的过程，而且非常有效地再现了两种不同的激进主义传统——黑白废奴主义者和林肯——的冲突与交汇，帮助读者认识到林肯所称的"自由的新生"这一思想产生的过程。[45] 与《烈火中的考验》一样，《自由之路》一书在史料的使用上也树立了一个由表及里、由浅入深、点石成金的典范。方纳利用一本偶然发现的废奴

---

[45]《烈火中的考验》获得了普利策历史著作奖和班克罗夫特最佳美国史著作奖。

主义者的记事本,精心求证,旁征博引,重构了美国内战之前曾秘密畅行于纽约市的"地下铁路"——帮助逃奴脱离奴隶制、奔向自由的交通网络——的历史,为长期作为一种"迷思"而存在于大众记忆中的"地下铁路"正名,并提供了坚实的历史证据。这部著作的写作更具有故事性,人物描写栩栩如生,充分展示了逃奴们争取自由的勇气和智慧,展示了白人废奴主义者的正义感与勇敢,从另外一个方面展现了美国历史上的激进主义传统。就在本文写作之际,我收到了方纳教授寄来的新著《第二次建国:内战与重建如何重塑了美国宪法》。这是一部从宪政史的角度来讨论重建史的研究,我相信,它将在美国学界引发新一轮的"方纳热"。[46]

在回顾自己的成长经历时,方纳曾不止一次谈到不同史学传统对他的影响。他称自己的研究一直集中在所谓"霍夫斯塔特问题"上,即注重弄清政治思想、政治行动与社会现实之间的关系,关注社会史和政治史的联系,但他的学术创作却显示,他无论是在方法论还是在问题意识上,始终坚持向新社会史、新劳工史、女性研究学习新的知识和研究思路,他一直在探索如何将社会史学的研究成果与"霍夫斯塔特问题"的叙事结合起来,这也许是他

---

[46] Eric Foner, *The Second Founding: How the Civil War and Reconstruction Remade the Constitution* (New York: Norton, 2019).

将自己的写作称为"新旧史学的混合产物"的原因。[47] 与此同时，作为一名专业历史学家，方纳时刻注意区分他作为学者和作为公民的角色。对于"政治"与"学术"的关系，他曾做过一个生动的说明："我们对现实问题的关怀决定了我们对历史问题的兴趣所在——包括我自己对自由问题的兴趣，因为它与非裔美国人、妇女和其他人的历史相关——但现实只是决定一个人对研究问题的选择，而不能提供问题的答案；如果你将历史研究当成是一种用来鼓吹自己（政治）观点的垫脚板（soapbox）的时候，你的著作被下一代人读到的机会一定会大大减少。"[48]

这是方纳始终遵循的一条原则。他在将近六十年的学术生涯中，一直在从不同的史学传统中去粗取精、去伪存真，结合时代提出的新问题，重新"发现"历史，探索和创造属于自己风格的美国史研究路径。这个过程是漫长而辛苦的，坚持下去，不仅需要出色的才华、扎实的学术功底、真诚的理想主义和卓越的政治智慧，而且还需要拥有一种持续进行"自我教育"（方纳语）的意

---

[47] 王希：《美国史学三十年：变革与挑战——埃里克·方纳访谈录》，载王希、卢汉超、姚平主编，《开拓者：著名历史学家访谈录》，北京大学出版社 2015 年版，第 24—26 页。

[48] 方纳语引自：Bill Goldstein, "Eric Foner: Making History Accessible." *Publishers Weekly*, 26 (October 1998), 38。

愿和能力。[49]方纳的学术生涯正是这个过程的真实写照。

在结束本文的时候，我想借这个机会，对邀请方纳教授访问北京大学并作出精心安排的北京大学"大学堂"讲学计划、北京大学国际合作部、北京大学人文社会科学研究院和北京大学历史学系表示衷心的感谢，同时也对中国美国史研究会、商务印书馆、中国政法大学出版社、雅理读书、北京大学出版社、东北师范大学历史文化学院、首都师范大学历史文化学院、重庆大学人文社会科学高等研究院、四川大学历史文化学院、武汉大学历史文化学院、中共中央党校文史部等机构为欢迎方纳教授来访所做出的一切贡献表示感谢。

王　希

2019 年 8 月 20 日初稿

2019 年 11 月 2 日定稿

---

[49] 在 2017 年北大举行的与中国美国史学者的对话会上，方纳将他在博士学位论文之后的研究生涯描述成一个不断"自学"（self-taught）的过程。Transcripts（路子正整理），"Conversations with Eric Foner," March 19, 2017。

奴隶制、反奴运动与美国政治

如果有什么主题将早期美国史连为一体的话，那一定是崇尚自由的国家意识形态与奴隶制的现实之间所呈现出来的矛盾，而这种矛盾所产生的张力在托马斯·杰斐逊（Thomas Jefferson）身上展现得最为淋漓尽致——1776年，当他挥笔写下举世闻名的《独立宣言》，令"人人生而自由"的激扬话语响彻全球的时候，他也正是一百多名奴隶的主人，手中握有决定后者生死的权力。至1776年时，奴隶制在北美大陆已经发展成为一个古老的体制。自第一批非裔美洲人踏上英属北美大陆殖民地时起，一百五十年已经过去了。在美国革命之前，奴隶制不仅存在于所有的英属北美殖民地上，还同时盛行于西班牙控制的佛罗里达殖民地和法国控制的路易斯安那领土之上，两者随后都将变成美国领土的一部分。

奴隶制的历史与人类文明一样古老。它对于古希腊和古罗马社会的生存发挥了至关重要的作用。罗马帝国衰亡之后，奴隶制在北欧逐渐消亡，但在地中海地区却得以继续存在。这一地区的贩奴贸易一直延续到15世纪之后，被贩卖的奴隶主要是各种斯拉夫人口（Slavic peoples）。早在16世纪欧洲人的来临和跨大西洋贩奴贸易开启之前，奴隶制便已经在非洲大陆出现。

然而，出现在西半球的奴隶制与先前的奴隶制在几个方面是截然不同的。传统上，非洲大陆内部的奴隶通常为罪犯、债务人和战俘等。他们在主人的家中工作，享有一些界定清楚的权利，如可以拥有财产和可以与自由人结婚等。对于非洲奴隶来说，获取自由也不是一件不可能的事情。奴隶制是数种劳动力形式中的一种，而不是像后来在新大陆的许多地方那样是整个经济的基础。在西半球，奴隶制是一种种植园体制，在这个体制下，奴隶劳工被集中在一起，为一个主人所拥有，并在主人的控制下为一个世界化的市场生产商品。奴隶人口与自由人口之间的极度不平衡将对奴隶制的反抗放大了许多倍，对奴隶人口的监管因此也必须变得十分地严厉和生硬。相对于家庭奴隶制而言，种植园的奴隶们需要承受的劳动强度更大，面临的死亡率也更高。另外一个——也是更为关键的——区别是，新大陆的奴隶制是一个以人种为基础的体制。与旧大陆和非洲不同的是，新大陆上那些最终为自己挣得自由的前奴隶将终身带有曾经为奴的印记，而这一刺眼的印记决定了他们不值得尊重的社会地位，他们因此也无法以一种平等的身份融入自由社会之中。

对于新大陆的开发和发展，奴隶制是不可或缺的。从 1500 年到 1820 年间，大约有 1250 万人跨越大西洋来到西半球，他们当中约有 1000 万人是来自非洲的奴隶。大西洋贩奴贸易从 1500 年开始兴起，其繁荣一直延续到 19 世纪，逐渐演变成为一种管理有序的商业运作，它将欧洲商人、非洲的买卖人和北美的种植园主等一同带入这场异常复杂但利润丰厚的对人类生命的讨价还价之中。大部分非洲人是被以极不人道的方式用船运送到美洲大陆的。一位奴隶贩子曾这样记述到："有的时候，两层甲板之间的高度只有 18 英寸，所以那些不幸的人们无法翻身，或侧身躺着……他们的脖子和双脚通常被铁链子铐在甲板上。"疾病在贩奴船上迅速地传播与蔓延；有的时候船主为了防止传染病的蔓延，直接将病死的奴隶抛入大海里。相对于新大陆的其他区域，后来变为美国的那些殖民地吸引了更多的自由移民前来定居。即便如此，从 1607 年到美国独立前夕，到这些殖民地定居的 80 万人中，仍然有大约 30 万人是并不享有自由的奴隶人口。

正如新近的史学研究清楚地展示的，奴隶制在现代资本主义出现和发展的历史中扮演了不可或缺的角色。国际贸易中的第一批大众消费商品是由奴隶劳动力生产的——包括糖、稻米、咖啡和烟叶。对这些商品的需求不断上涨，刺激了大西洋贩奴贸易的急速扩张。从奴隶制和贩奴贸易中衍生而来的利润激发了类如利物浦、布里斯托和南特这样的港口城市的兴起，也带动了银行业、造船业和保险业的快速发展，所有这一切都为早期工业革命的发生和发展注入了所需要的资金。奴隶制在大英帝国经济结构中所占有的中心位置同时产生了两种历史上前所未有的认同关系：自由与白种人的等同，奴隶制与黑种人的等同。

种族奴隶制不可避免地产生出关于先天性种族差异的思想。一些在早期抵达北美殖民地的非洲黑人所受到的待遇看上去与白人契约奴工的待遇并无不同；他们的奴役期只是一段时间，而并非是终生为奴，并会在奴役期满之后获得自由。在17世纪60年代之前，弗吉尼亚殖民地和马里兰殖民地的法律从未明确地提及奴隶制的存在。然而，随着烟草种植园的蔓延和种植园主对廉价劳动力需求的增加，黑人奴工与白人奴工的劳作与生活境况开始出现了明显而剧烈的分野。作为现代概念的"种族"（race）思想——将人类以肤色为界严格划分成为不同等级的群体——在17世纪尚未完全成型。"种族主义"（racism）的意识形态——认定一些种族天生就注定比其他种族更为优越并因此有权统治后者的信仰——也尚未发展成为一种思想体系。然而，奴隶制在殖民地经济中开始占有越来越核心的位置，人们关于种族的看法也开始变得越来越生硬和固执。1762年，贵格派废奴主义者约翰·沃尔曼（John Woolman）在评论奴隶制思想所产生的影响力时说，人们将"奴隶制与黑颜色的肤色联系在一起，而将自由与白种人联系起来"。

至18世纪中叶，奴隶人口已经将近占到弗吉尼亚人口的一半。在从马里兰向南延伸至佐治亚的整个区域内，奴隶制不仅成为殖民地经济的基础，也成为一个掌握了巨大权力的地方统治阶级的基础。奴隶制同样存在于中部和北部殖民地上，尽管在这些地方奴隶们通常是在主人家里或主人经营的小店铺里工作，而不是在大型的种植园里工作。即便如此，1746年纽约市的2440名奴隶人口构成了该城市人口总数的七分之一。在北美大陆的城市中，只有查尔斯顿和新奥尔良的奴隶人口在数量上超过了纽约。随着欧洲移民人口的不断增长，奴隶在南部之外的劳动力人群中所占有的比例降低了。虽然在这些地区奴隶制只是作为一种次要的经济体制而存在，但当地的非奴隶人口仍然从奴隶劳动中获益甚多。来自纽约、马萨诸塞和罗得岛的商人积极参与了国际贩奴贸易，将奴隶从非洲运送到加勒比海或位于美国南部的殖民地上。而从宾夕法尼亚、纽约和其他北部殖民地出口的大部分粮食、鱼类产品以及牲畜等最终抵达的目的地则是位于西印度群岛上的奴隶种植园。

殖民地时代见证了自由与奴隶制在英国的大西洋帝国中同步扩展的历史进程。也正是在这一时代，"生而自由的英国人"的思想被强有力地嵌入殖民者和本土英国人的世界观中。与此同时，大西洋贩奴贸易在18世纪达到了顶峰，并逐渐成为由英国商人和商船业所主导的一桩巨大生意。当时最为流行的一首歌曲带有这样一段副歌："不列颠人将永远不会、永远不会沦为奴隶。"然而，在同一世纪被贩卖到新大陆的非洲奴隶人口中，有一半以上是由英国商船运载的。

美国革命的发生将奴隶制在北美的未来置于一种不确定的状

态之中。当托马斯·杰斐逊在1776年宣称人类拥有不可剥夺的自由权的时候，他与新国家的其他领袖将美国视为一个为全世界受压迫人民提供自由的避难所，而此时此刻在每五个美国人中就有一人是黑人奴隶。殖民地的报纸在刊登反对英国政策的辩论和报道殖民者抵制英国暴政的行动的同时，也在大量刊登买卖奴隶或抓捕逃奴的广告。然而，美国革命第一次将奴隶制变成了一个具有广泛影响力的公众辩论议题。这场辩论激发起对虚伪的自由观的批判，虚伪不仅来自反对美国独立的英国人，而且也来自美国内部。革命领袖约翰·亚当斯的妻子阿比盖尔·亚当斯曾经发问：对于那些习惯于剥夺他们公民同胞的自由的人来说，他们对于"自由的热情"到底有多么强烈？但美国革命也在黑人和白人中间激发起另外一种希望，即奴隶制有可能被废除。

无论是在北部还是南部，自由的语言在奴隶社区中都引起了强烈的回响。在北部，黑人为争取获得解放所采取的第一个实际行动是递交"自由请愿书"，即奴隶们向新英格兰地区的法院呈递要求获得解放的陈情书，他们在其中使用了自由的语言。"如果自由真的是全人类的一种'内在原则'"，曾经在独立战争时期服役于马萨诸塞州民兵的黑人牧师莱缪尔·海因斯（Lemuel Haynes）质问道，那么"即便是非洲人，他也应该享有与英国人同等的人身自由的权利"。英国人承诺向在独立战争中捍卫王室利益的奴隶提供自由，从而导致成千上万的奴隶抛弃了他们的主人；还有许多人在战争结束的时候跟随英国人离开了美国。大约有5000名奴隶通过加入殖民地的大陆军或民兵组织而获得了自由。

在追求革命理想的动机的鼓舞下，南部有一大批奴隶主（尤其是在弗吉尼亚和马里兰）在18世纪八九十年代主动地释放了他们的奴隶。其中最有名的是1799年去世的美国首任总统乔治·华盛顿。他在生前立下遗嘱，承诺在他妻子去世之后将释放他所拥有的将近300名奴隶，并将为这些奴隶的子女提供受教育的资助以便帮助他们在自由生活中能够做到自食其力。他还在遗嘱中写道："我借此明确宣布，禁止以任何理由拍卖我去世时所拥有的任何奴隶。"但华盛顿是所有国父中唯一一位以这种方式解放自己拥有的奴隶的人。托马斯·杰斐逊在遗嘱中只将自由赋予他的5名奴隶，他们都是莎莉·海明斯（Sally Hemmings）的亲戚，而海明斯则是杰斐逊的一名女奴，杰斐逊与她共同生养了一名或几名子女。

至19世纪初，所有的北部州都实施了渐进解放奴隶的措施。这些州的法律通常规定法律生效之后由奴隶父母生养的子女必须继续为主人服役到成年阶段，目的是为奴隶主终将丧失的财产权提供某种形式的补偿。因此，奴隶制在北部的终结是一个漫长而缓慢的过程。1810年，北部的自由黑人已经达到了5万人，但尚有27000名奴隶人口继续存在。

即便如此，第一批以自由的非裔美国人为主的社区在此刻得以诞生。到 1860 年时，自由黑人人口将增加到大约 50 万人，他们中的大部分人居住在蓄奴州内。在查尔斯顿和新奥尔良这样的南部城市中，有相当一批受过良好教育、拥有财产并在专业技能上卓越超群的人生活在自由黑人的社区当中，这些具备优秀能力和地位的人将在重建早期的黑人政治中扮演领袖的角色。一些自由黑人也拥有奴隶财产，为数不多的自由黑人甚至还是种植园主。但绝大多数自由黑人的身份却是贫穷的城市或乡村劳工，除了在法律上不被当成是财产之外，他们实际享有的权利寥寥无几。尽管面临无数的艰难困苦，自由黑人能够做到自食其力这一事实有力地驳斥了奴隶主们关于非裔美国人只能以奴隶身份才能在美国得以生存的观点。

尽管有北部的废奴措施，但奴隶制不仅没有被美国革命所消灭，反而在某些方面得到了加强。由于奴隶制在经济中占有核心位置，同时也因为那种认为黑白种族无法平等共存的流行思想的影响，南部没有任何一个州采取了废奴措施。此外，奴隶制也被深深地建构在新制定的联邦宪法之中（尽管宪法本身并没有对这一体制公开地直呼其名——宪法将奴隶称为"其他人"或"负有劳役之人"——以顾及某些制宪会议代表的感情，另外一些代表则担心"奴隶制"一词会"毒化美国自由的光荣架构"）。联邦宪法准允来自非洲的贩奴贸易在宪法生效之后继续进行 20 年的时间，要求各州将逃离奴役的奴隶归还给他们的主人。宪法提出了在分配总统选举人和国会众议员席位时将奴隶人口以五分之三的比例来计算,从而极大地增强了南部蓄奴州的政治权力。所有这些措施加在一起,宪法为南部奴隶人口的连续增长提供了保障,让南部蓄奴州在国家事务中拥有了比自身自由人口所应得的更大的发言权。此外,奴隶制也影响了所有美国人关于自身的认同感。1790 年制定的第一部《归化法》创立了一个统一的联邦移民管理体制,将外国人变成美国人的法律程序限定为只适用于"自由白人"的范围。如此一来,一种关于美国性(Americanness)的种族性界定从一开始就被建构在国家法律的结构之中,而这个被托马斯·潘恩称作"全人类的避难所"的国家将世界人口中的一大部分人排除在美国的移民归化程序之外。

奴隶制不仅从美国革命中得以存活下来,而且很快进入前所未有的快速扩张的时期。如同在殖民地时代一样,北部的经济利益与英国的经济利益都与奴隶制密切地交织为一体。内战前的北部很快复制了在英国发生的工业革命,制造出对棉花的贪得无厌的渴望,而棉花是早期棉纺业的原材料。棉花在地球上许多地区的种植已有数千年的历史,西班牙征服者科尔特斯(Cortes)曾对阿兹特克人穿戴的棉纺衣服印象深刻。然而在 19 世纪,棉花在世界经济中占据了前所未有的重要位置。美国的棉花年产量在 1790 年不足 3000 捆,但在内战前夕达到了 500 万捆。到那个时候,棉花已经成为了美国最重要的出口商品。

随着美国的领土向西扩张，奴隶制也紧随其后，迅速西进，在南部腹地地带创造出了一个棉花王国，而这一地区也迅速成为了美国奴隶制的新重心。因为奴隶人口的高自然增长率，即便在非洲奴隶进口贸易于1808年终止之后，奴隶人口仍然飞速增长。内战前夕，美国的奴隶人口达到将近400万人，美国南部成为现代世界中奴隶人口最多、奴隶主权力最大的奴隶制社会（slave society）。1860年，奴隶作为财产所含有的经济价值超过了美国人在铁路业、银行业和工厂所有投资的总和。

四分之三的南部白人家庭并不拥有奴隶。因为种植园主垄断了所有最好的土地，大多数的白人小农场主居住在种植园之外、不适于耕种棉花的山地地区。他们主要依靠家庭劳动力或雇佣劳工在自己的土地上耕种。许多南部农场主远离外部的市场革命，在自己的小圈子里过着自给自足的舒适生活。他们为家庭生活圈养牲畜和种植粮食，仅在地方店铺中购买为数不多的商品。那些居住在封闭的丘陵地带和阿巴拉契亚山脉地区的南部人则通常处于贫困状态。由于几乎所有的南部州都没有建立起免费的州立教育体系，所以在文化教育方面，南部人要比他们的北部同胞更为欠缺。不拥有奴隶的南部白人组成了南部人口的多数，但他们在内战前很少对由种植园主们主导的南部政治构成威胁。

我们应当牢记奴隶制所产生的经济和政治权力，只有这样我们才能真正懂得和领悟内战后的重建政治所蕴含的激进意义。关于重建，我会在后面的讲座中专门讨论。种植园主们主宰了内战前的南部社会，在全国事务中也发挥着巨大的影响力。内战之前最富有的美国人是那些居住在南卡罗来纳州沿海地区和密西西比州纳奇兹（Natches）地区的种植园主们。奴隶制虽然被称为是一种南部的"特殊体制"，但它同样也使许多北部人得以发家致富。北部的商船将南部生产的棉花运送到纽约和欧洲各地，北部的银行家和商人为南部的棉花作物提供金融资本，北部的保险公司为南部棉花的生产与运输提供保险服务，北部的工厂将南部的棉花变成棉纺产品。北部的"自由州"虽然废除了奴隶制，但它们仍然与"特殊体制"保持着密切的关系。

随着 19 世纪历史的不断延伸，南部各州相互之间也越来越紧密地被奴隶制捆绑在一起，它们关闭了几乎所有的通向自由的通道，强化了管理奴隶生活和劳动的法律。在内战之前，奴隶是主人的财产，不享有任何法律权利。由奴隶组成的家庭得不到法律的认可，奴隶们不能在主人没有准允的情况下聚会，奴隶生活的各个方面，无论多么私密，无一不在主人随心所欲的控制和侵犯之中。南部司法的整个体制，从州的民兵组织和法院系统到各地组建的逃奴巡逻队，都完全投入实施奴隶主对他的人类财产的控制之中。在一桩著名的案件中，密苏里州的一个法院对女奴西莉亚的"罪行"进行审理。西莉亚为抗拒主人对她实施性侵犯而将其杀死,一般情况下,州法将处于这种情形下的"任何妇女"的类似行为视为一种自卫行动;然而法院却认为西莉亚在法律上不是一个"妇女",而是一名奴隶,所以她的主人对她的身体有完全的控制权。法院最终将西莉亚判处死刑,但因为她此刻已经怀有身孕,而她所怀的孩子被认为是主人留下的财产,为了不致剥夺主人的继承人所拥有的财产继承权,西莉亚的死刑被推迟到她生下孩子之后才执行。

托马斯·杰斐逊曾写道,奴隶制是"一种持续时间最长的专制统治的……永久施行"。面对这一严酷的现实,奴隶们从未放弃追求自由的愿望。他们的愿望通过多种形式表现出来,包括逃离奴隶制。逃奴问题对全国政治产生了巨大的影响,我将在下一次讲座中专门予以讨论。在美国独立之后相当长一段时间里,奴隶和自由黑人几乎是仅有的愿意和敢于向奴隶制提出挑战的美国人。在由美国革命激发的反对奴隶制的冲动消失之后,奴隶制问题便逐渐从国家的政治生活中销声匿迹了。那些愿意思考如何终止美国奴隶制的白人总是将废奴事业与将黑人殖民海外的呼吁捆绑在一起——将黑人移出美国,送到非洲、加勒比海或中美洲等地定居。主张将黑人移居海外的人接受了1790年《归化法》提出的一个预设认知(这一认知为联邦最高法院在1857年的斯科特案判决中得以强化),即美国是一个由白人组成的政治共同体,任何黑人都不能在其中成为公民。

只有在19世纪20年代后期和19世纪30年代，随着废奴主义运动的兴起，奴隶制问题才重新回到联邦的政治议程中来。废奴主义运动是这一时代出现的许多改良美国社会的努力之一。改革者们建立起各种组织，禁止生产和销售酒精类饮料，要求改善监狱的环境，扩大公立教育的范围，改善工资劳工的工作条件，在合作而不是竞争个人主义的基础上重组美国社会，等等。他们派出演讲者，征集请愿书的签名，印刷和出版各种政治传单等。

许多改良运动从名为"第二次大觉醒"的宗教复兴活动那里汲取灵感。复兴派布道家们宣称，上帝将人创造成一个"自由的道德使者"。原罪之人不但能够进行自我改良，还能够重新创造世界。宗教复兴活动将"完美主义"的观念广为传播，这种观念认为个人和社会能够永无止境地改善自身。在宗教复兴运动的影响下，一些旧有的改良运动开始朝新的、更为激进的方向发展。节制饮酒运动（Temperance，该词的本义是指饮酒时要适可而止）不久便转化为一场全面废除和禁止饮酒的战役。对战争的批评变成了彻底的反战主义。而奴隶制的批评者此刻也放弃了渐进式的废奴措施，而是要求立即和彻底地废除奴隶制。

1829年，自由黑人戴维·沃克（David Walker）发表了《向全世界有色人种公民发出的呼吁》，这是一篇要求全面解放奴隶的真切呼唤。两年之后，威廉·劳埃德·加里森（William Lloyd Garrison）主编的《解放者》出版了第一期，将一场新的充满战斗精神的废奴主义运动带入全国政治之中。沃克启用了《圣经》和《独立宣言》来谴责奴隶制，但他同时也超越了人们熟悉的论点，呼吁黑人要为古代非洲文明的成绩感到骄傲，并要以美国人的身份来要求自己的权利。"不要再对我们提什么海外殖民，"他对白人读者写道，"美国既是你们的国家，也是我们的国家。"新一代废奴主义者坚持认为，美国黑人应该拥有美国公民享有的所有权利。

废奴主义运动有效地动员起成千上万名北部妇女的支持，她们积极传播废奴请愿书，散发废奴活动的文献，有的时候甚至敢于破除那种关于妇女应该待在"私人"空间的传统戒规，在公众场合发表演讲，谴责奴隶制的邪恶。有些女性从废奴主义的理论中汲取批评的精神，开始对她们自身在美国社会中所处的次等地位提出挑战。安杰利娜·格里姆克（Angelina Grimké）是南卡罗来纳州一个奴隶主的女儿，她在费城居住时改信了贵格派，并积极投身于废奴主义运动之中。"当我在调查奴隶的权利问题时，"她写道，"我对自己的权利也有了更好的认识；我发现，反对奴隶制的事业是……一所学校，它比其他任何[改革]事业都能更全面地调查、理解和研究人权。……在这里，我们研究的问题是人类为什么需要有权利。……此刻我自然想到，如果权利的基础是具有道德感的生命的话，那么，男人就不应该因为性别的偶然原因而获得比女人更多的权利和责任。"类似安杰利娜·格里姆克和她的妹妹塞拉（Sarah Grimké）这样的女性废奴主义者帮助开启了美国妇女争取平等权利的漫长的斗争历程。

这样，反对奴隶制的斗争给个人自由、政治共同体和与美国公民地位相关的权利等美国政治文化的核心概念带来了新的内容。废奴主义者提出了一系列在19世纪30年代备受谴责的思想，但这些思想在30年后被重建时代的法律和宪法修正案所吸收，即凡是出生在美国的人都有权利成为美国公民；凡是美国公民，无论属于任何种族，都应享有法律上的平等权利。

与那种将国籍与种族绑定在一起的官方界定形成鲜明对比的是，废奴主义者坚持承认奴隶和自由黑人是美国人，具有"美国性"。莉迪亚·玛丽亚·蔡尔德（Lydia Maria Child）在她那部颇有影响的《为被称为非洲人的那个美国群体而呼吁》的著作中，将黑人视为自己的同胞，而不是将他们视为外国人或一个处于低级地位的阶级。他们不应该被看成是非洲人，正如白人不能够再被看成是英国人一样。这样，废奴主义运动所挑战的不仅仅是南部的奴隶制，同时也挑战了北部各州将自由黑人局限在次等公民地位的种族限制。（在1800年至1860年间，每一个新加入联邦的自由州，除了缅因州之外，都将普选权局限在白人公民的范围之内；纽约州和宾夕法尼亚州拥有众多自由黑人社区，反而将非裔美国人长期享有的普选权予以剥夺。）

许多白人废奴主义者在某种程度上认同这一时代的种族偏见。但同样令人赞叹的是，同时也有许多白人废奴主义者能够超越时代的种族偏见。"只要'白人'这个词继续被保留在马萨诸塞州的法律上,"威廉·劳埃德·加里森的亲密同事埃德蒙·昆西(Edmund Quincy)说,"马萨诸塞州就是一个蓄奴州。"废奴主义者开展了一系列为北部黑人争取权利的斗争,包括争取选举权、接受教育和使用公共设施的平等权利,以及在州民兵队伍中服役的权利等,但这些斗争只取得了为数不多的胜利,如马萨诸塞州立法机构于 1855 年终止了该州实施的隔离教育法。但这些早期的战斗为重建时期争取平等权利的斗争奠定了法律和政治基础,而争取平等权利正是重建政治的核心问题。

反对奴隶制的斗争要求对整个民族共同体(nation)进行重新定义,在这一点上表现得最为坚定的是废奴主义队伍中的黑人成员,他们为此发明了一套新的关于自由的理解,远远超出了同时代大多数白人对自由的理解。"自由与奴隶制的真正战场,"塞缪尔·科尼什(Samuel Cornish)写道,"是对肤色的歧视。"黑人废奴主义者和广大的自由黑人也批驳了把美国看成自由的领土的说法。在他们眼中,美国人对独立日的纪念十分虚伪。为了抵制这种虚伪,他们设计出一套不同的庆典日历,将 8 月 1 日西印度群岛的奴隶解放日作为他们庆祝的重要日子(这一举动令人感到不安,因为是英国而不是美国成为了世界舞台上的自由象征)。废奴主义者谴责美国声称崇尚自由的理想——用弗雷德里克·道格拉斯(Frederick Douglass)的话来说——而实际上每天都在进行着比地球上任何其他国家都更"令人震惊和血腥的实践",尽管如此,黑人废奴主义者仍然认可建国之父们留下的政治遗产。通过废除奴隶制,美国仍然可以重新履行《独立宣言》的承诺,并重新承担起美国作为自由避难所的使命。事实上,正如道格拉斯所说的,比起那些每年庆祝 7 月 4 日的美国白人来说,苦苦追求自由的奴隶对美国的建国原则抱有更为真诚的信仰。

废奴主义者在北部人口中是一个人数很少的群体。在 19 世纪 30 年代,他们的活动在自由州所遭遇的敌意与在蓄奴州的情况几乎毫无二致。最初,废奴主义者的集会因遭到暴徒的攻击而中断,他们的一些印刷厂也被暴民捣毁,国会对他们的请愿活动予以拒绝。但废奴主义者逐渐击破了沉默政治的阴谋,后者企图通过将奴隶制问题排除在政治辩论之外来保证联邦的团结(与此同时,也保留由奴隶劳力带来的资本利润)。

自从 1787 年费城制宪大会以来,奴隶制只是偶尔成为美国政治中富有争议的议题。一般来说,只有当领土扩张引发了相关问题的时候,奴隶制才成为一个政治问题,这些相关问题包括,是否允许特殊体制继续向西扩张,由此涉及是否将新的蓄奴州吸纳进联邦,并因此而影响到区域之间的权力平衡,以及影响到自由公民移居到新获取的土地之上的前景。1820 年国会将密苏里州作为蓄奴州纳入联邦的决定曾引发一场争执,最后,这场争执通过妥协得以平息,奴隶制因而被禁止进入路易斯安那购买领土的相当一部分剩余领土之内。

十年之后，南卡罗来纳州企图否定1828年联邦关税立法的合法性——阻止联邦政府在该州境内实施这项法律——这一举动引发了一场政治危机，最终通过另外一次妥协得以解决。尽管奴隶制在当时并不是一个格外令人瞩目的问题，但它对否定联邦立法危机（Nullification Crisis）的出现起到了一个非常重要的作用，因为许多南部领袖害怕快速发展的北部最终会启用联邦政府的权力来削弱奴隶制的势力。为了防止这种终极后果的出现，南卡罗来纳州的约翰·卡尔霍恩（John C. Calhoun）提出了一个州主权的理论。卡尔霍恩指出，在批准联邦宪法的时候，各州将自己的部分权威让与联邦政府，但各州保留了否定那些威胁各州关键利益的联邦政策的权力。他强调说，决定联邦关键事务的方式不应该是简单多数取胜的规则，因为人口更多的北部会因此而控制国家政策的制定，正确的方式是采用一种"共享多数"（concurrent majority）的原则，即准允每一个主要区域或主要的财产利益群体对那些威胁到自己福利的立法措施行使否决权（如同今天联合国安理会的常任理事国对否决权的行使一样）。尽管南卡罗来纳州在否定联邦立法危机中没有得到其他南部州的支持，但卡尔霍恩的政治理论却在南部赢得了许多支持，州权（state rights）很快成为了南部捍卫奴隶制一个主要的理论支柱。

在19世纪40年代，作为美墨战争的结果，一大片新的领土被并入美国的版图之中，奴隶制在联邦中的地位再次成为一个具有争议的政治问题。发起此次争论的政治人物使用了"自由土地"（free soil）的话语——不许奴隶制在新获得的联邦领土上存在——而这一措施打算保护的对象却是那些希望移居到西部的白人定居者。为什么关于奴隶制的争论不集中在废除蓄奴州的奴隶制问题上而转移到它在新领土的扩张问题上呢？原因很简单，因为在北部提倡"自由土地"的立场比起废奴主义者提出的立即解放奴隶和给予黑人以平等权利的主张更容易得到大众的支持。具体来说，尽管国会不具备废除一个州内的奴隶制的权力，但先例表明，它可以将奴隶制排除在新获取的、由联邦政府控制的领土之外。国会于1787年在《西北土地法令》中曾经这样做过，在密苏里妥协中也采用过同样的措施。对于那些主张实施保护性关税和提倡政府对内陆改进工程予以资助的人来说，阻止创建新的蓄奴州也是有吸引力的，而这些政策也正是大部分南部政治领袖们所竭力反对的。对于成千上万的北部人来说，移居西部可以给他们带来改变自身经济地位的希望，有助于维持和重建经济独立，而这种独立在东部已经受到了工资劳力制的威胁。如果任凭奴隶种植园主占领西部最肥沃的土地，北部移民将事实上处于被封堵的状态。自由土地的思想与北部社会盛行的种族主义也彼此呼应。一种流行的看法认为，白人劳工只要与黑人发生关联，无论后者是自由黑人还是奴隶，对于白人劳工而言，其结果都将是一种地位的贬损,所以能够将西部领土保留给白人定居者是一种更为明智的做法。然而,要求限制奴隶制扩张的愿望在白人人口中的增长,也说明废奴主义者的请愿书、演讲和出版物开始对北部的公众舆论产生了影响。

新的妥协再一次平息了关于奴隶制的争论。1850 年,国会将加利福尼亚作为自由州纳入联邦之中,同时命令那些居住在从墨西哥获取的剩余领土上的居民自行决定当地是否允许奴隶制的存在,并实施了一个更为严厉的新逃奴法,该法规定联邦政府而非州政府将负责追捕和归还逃奴。在 1850 年妥协通过之后,生活在北部的几千名逃奴和生而自由的黑人,担心新逃奴法的严厉条款可能会影响到他们的命运,纷纷逃往加拿大去寻求安全的藏身之地。如此众多的难民逃向国外去寻求自由的情景,给人们所熟悉的那种认为美国是自由避难所的形象蒙上一层不无讽刺的阴影。有些非裔美国人领袖,如后来被称为是黑人民族主义"之父"的马丁·德莱尼(Martin R. Delany),认为美国的黑人应该集体离开美国,到非洲或加勒比海去寻求一个属于自己的家园,在那里他们可以变成"国家统治力量"的一部分,并享有平等,而这样的前景在此刻的美国看来比任何时候都显得更为遥不可及。

1850 年妥协带来的政治安定仅仅维持了四年的时间。1854 年,国会批准了堪萨斯 – 内布拉斯加法案(Kansas-Nebraska Act),该法废止了密苏里妥协案,将美国中部地带一大片新的联邦领土向奴隶制开放。在该法实施之后，美国政治经历了历史上最为深刻的一次重组。辉格党彻底瓦解了，成千上万的北部人抛弃了民主党，共和党作为一个新的政治组织得以降生，该党立志要阻止奴隶制的进一步蔓延。此外，美国党（又称一无所知党）的迅速崛起和急速衰落更使政治重组的复杂局面显得扑朔迷离，该党的目标是对移民（尤其是天主教徒移民）进行限制，并只准允本土出生的公民担任公职。在有的州，一无所知党成员迅速占据了辉格党瓦解后空出来的位置，一时间人们搞不清楚究竟是反对奴隶制的蔓延还是针对外国人的仇视（这是一个在美国历史上反复出现的主题，包括今天在内）将成为美国第二大政党的基础。到1856年，曾经打乱旧政党体系的奴隶制问题终结了一无所知党作为一个全国性政党的可能性。共和党人努力说服大多数北部人接受他们的观点，即"奴隶制权力"（Slave Power）比起移民问题来说，对他们的自由和理想构成了更紧迫的威胁。

共和党凭借要永远禁止奴隶制任意蔓延的党纲成为了引人注目的显赫大党。这个新政党一方面信奉"自由劳动"体制的优越性，另一方面强调"自由社会"与"奴隶社会"将无法共存，这两种信仰结合在一起，构成了一种综合全面的世界观。共和党人将奴隶制的扩张看成是进步、机会和民主的障碍。没有人比林肯更为精辟地将这一观点表达出来。我将在第三讲里对林肯做更为详细的讲述，但现在我只是想指出，林肯曾在1849年决定从积极的政治活动中退出，但堪萨斯-内布拉斯加法案将他重新卷入政治之中。

林肯并不主张立即解放奴隶。他崇尚联邦和联邦宪法，为了保护两者他甚至愿意在奴隶制问题上与南部妥协。他的演讲将废奴主义者的道德热情与更为保守的北部人所提倡的对秩序和宪法的尊重结合起来。"我之所以憎恨它，"他在1854年谈到奴隶制扩张的前景时说，"是因为它剥夺了我们的共和国在世界上本应具备的正义影响力——从而鼓励自由制度的敌人们得意洋洋地把我们当作伪君子一样来嘲笑——并引起自由的真正朋友对我们的真诚表示怀疑。"如果允许奴隶制蔓延，他警告说，"对自由的热爱"之火将被熄灭，美国所肩负的成为全世界民主象征的特殊使命也将随之而去。

林肯曾经说过，他"对奴隶制的憎恨，自认为不亚于任何废奴主义者"。但他也分享了他所处时代的许多种族偏见。他于1858年重申，他反对给予伊利诺伊州的黑人以选举权，反对他们担任公职，并且他经常提到要将非裔美国人移民到海外等。在这些问题上，他所代表的是北部民意的主流观点。此刻北部人相信奴隶制对"自由社会"构成了一种威胁，但他们仍然认为非裔美国人在先天素质上不能与白人同日而语。

尽管如此，林肯坚信奴隶制违背了美国生活的最基本前提——个人自由、政治民主和在社会阶层中向上攀升的机会。"我想让每个人都有机会，"林肯宣称，"而且我相信黑人也有权拥有这样的机会，那就是他能够通过这个机会改善他的状况。"对于林肯来说，奴隶制在本质上是一种盗窃行为，因为它窃取了另外一个人的劳动成果。黑人也许并不在所有方面与白人是平等的，他接着说，但在享有自己劳动成果的"自然权利"方面，他们"与我、与其他任何人都是平等的"。林肯的思想代表了我在我的第一部著作《自由土地、自由劳动、自由人》中所说的"自由劳动意识形态"，这一思想谴责奴隶制既侵犯了黑人的自然权利，同时又阻碍了美国白人的经济进步。在"自由劳动"的旗帜下，北部的激进派、温和派和保守派在奴隶制问题上联合起来，共同组成了新的共和党。

共和党的兴起使南北区域之间的关系变得愈发紧张起来。在1856年的总统大选中，民主党人詹姆斯·布坎南（James Buchanan）当选为总统，但新生共和党的候选人约翰·弗里蒙特（John C. Fremont）赢得了北部州的大多数，充分展示了这个诞生才两年的政党所具有的活力。然而，在1857年的德雷特·斯科特案判决中，联邦最高法院宣布，宪法赋予了南部人将奴隶带入任何美国领土的权利。最高法院同时宣布，共和党企图阻止奴隶制向西扩张的计划是违宪的。大部分北部人都拒绝接受这一判决的合法性，因为它基本上否定了国家第二大政党的政治计划。这一判决也给最高法院的名声带来了巨大的伤害，所造成的破坏要到许多年之后才能修复。在南部退出联邦的危机中，无人建议由联邦最高法院出面来解决南北之间的争端。

1858年，布坎南总统企图胁迫国会将堪萨斯州作为一个蓄奴州纳入联邦，但因为该州的州宪法并没有得到许多定居者的支持，布坎南没有成功，然而区域之间的对峙却进一步加剧。一年之后，也就是1859年10月，废奴主义者约翰·布朗（John Brown）带领一支由22人组成的队伍对位于弗吉尼亚州哈珀斯费利的联邦军火库发起了一场武装袭击。布朗曾在堪萨斯与亲奴隶制的居民发生过冲突。他是一个十分虔诚的教徒，长期与废奴主义事业保持密切的联系，通过阅读《旧约》全书，布朗相信，美国因实施奴隶制而罪恶深重，注定要受到上帝的惩罚，而他本人则是上帝表达愤怒之情的工具，他希望他发动的袭击能够激发起一场奴隶暴动，从而将"特殊体制"一举扫除。

从军事角度看，布朗的计划毫无周密和老练可言。他队伍中的大部分人或者战死或者被捕，他自己最终也被俘虏，并以反对弗吉尼亚州的罪名而被处死。相比之下对袭击事件的反应则显得更为重要。在南部，布朗的袭击引发了近似于歇斯底里的反响，尽管没有任何奴隶挺身而出加入哈里森的废奴事业（事实上，在哈珀斯费利及其附近地区的奴隶人口并不多）。在北部，布朗则变成了一名烈士，一个为了道德事业而无私地奉献生命的象征。对于黑人来说，布朗尤其成为了他们后来长期敬仰的一名英雄人物。一个名叫弗朗西斯·艾伦·威特金斯（Frances Ellen Watkins）的黑人妇女在布朗被执行绞刑之前写道："你的烈士墓将成为一座神圣的祭坛，人们在这里将记录他们对那个践踏人性、亵渎上帝的体制的无尽仇恨。"对约翰·布朗事件的反响说明，越来越多的美国人开始相信，除了暴力手段之外，奴隶制问题将永远无法得到解决。

布朗被处决之后不到一年，亚伯拉罕·林肯当选美国的第一任共和党总统。林肯的当选之所以成为可能，完全是因为美国的体制中极为不寻常的选举人制度（这一点在2016年再次得到展示）。在参加竞选的四个政党中——北部民主党、南部民主党、新成立的宪政联邦党和共和党——林肯只赢得了全国普选票的40%，他几乎没有从南部各州赢得任何选票。但因为他赢得了整个北部，他获得了选举人团选票的多数。事实上，即便他的三名对手的选举人票加起来投给其中一人，林肯仍然会赢得总统选举。在许多南部白人眼中，林肯的当选意味着他们的未来将听由共和党的任意摆布，而共和党已经对南部的价值观和利益表示了公开的敌视态度。那些要退出联邦的人担心林肯的当选会带来联邦权力的根本转向，而自宪法开始实施后一直主导美国政治的蓄奴州会从此变成一个急速缩小的少数派。林肯的胜利显示，一个联合起来的北部此刻拥有了决定美国未来走向的权力。

在退出联邦危机发生七十年之前，詹姆斯·麦迪逊（James

Madison）曾解释过地方自治如何能够在一个幅员辽阔、利益多元的共和国中与一个权力强大的中央政府相处共存。他在《联邦党人文集》中写道，国家内部各种利益构成的多元化实际上为地方权利（local rights）提供了保障，因为没有任何一种利益可以控制整个政府——每一个多数派都将一定是少数派的联合体。在19世纪30年代，卡尔霍恩就看到了反奴运动之于奴隶主的威胁所在：它极有可能将整个北部联合在一个统一的、对处于少数派地位的南部利益抱有敌对态度的原则之下。到1860年时，卡尔霍恩的恐惧变成了现实。在许多南部人的眼中，林肯的当选违反了那些本应用来运作和管理美国政治的原则，接受他的胜利就等于将奴隶制的未来交到一个对南部价值观和南部利益抱有敌视态度的政党手中，听任它的摆布。

在19世纪50年代后期，南部领袖们使尽浑身解数来强化奴隶制的联结功能。"奴隶制是我们的国王，"一位南卡罗来纳州的政客在1860年宣称，"奴隶制是我们的真理，奴隶制是我们的神授权利。"相比于在一个由自己的对手统治的国家里接受少数派的地位，棉花生产占主导地位的南部腹地的政客们大胆地提出了区域独立的主张。他们相信，处于危险之中的不单是一场总统选举的结果，而是南部的一整套生活方式。在林肯当选后几个星期之内，南部腹地的7个州退出了联邦，组成"美利坚邦联"（又译南部同盟——译者）。

南卡罗来纳州发布的《关于退出联邦的近因的宣言》将南部人对奴隶制未来的担心置于危机的中心：它宣称，过去的经验展示，"当蓄奴州屈服于非蓄奴州的意志时，它们是不会感到安全的"。1861年4月12日，南部邦联的大炮开始攻击位于查尔斯顿港湾、由联邦军队控制的桑姆特堡（Fort Sumter），美国内战就此拉开了序幕。双方在最初都没有料到，战争将推动美国加速走上解放奴隶的道路。

逃奴、"地下铁路"与美国内战的来临

正如各位所知,在我的职业生涯中,我写作和发表了多部著作。人们经常问我的一个问题是,你如何选择要写作的题目。应该说我选题的原因因书而异。有的时候是出于偶然,完全不在预料之中。譬如,1976年我被邀请为"新美国国家史丛书"(New American Nation Series)写作一部关于重建史的著作,因为最初受邀写作的作者在经过16年的挣扎之后,发现他永远不会完成这部著作,丛书的两位主编于是就找到了我。有的时候,我的选题是受到自己对既有研究的不满意的激发。我写作关于亚伯拉罕·林肯的著作的起因便是如此。大量的林肯研究总是把他描绘成一个老谋深算、精明现实的政客,与那些完全不顾现实、痴迷于狂热改革幻想的废奴主义者构成鲜明的对比。尽管现实主义与理想主义有诸多不同,但我对两者之间的共生关系的印象更为深刻。还有的时候,一个当前的问题会激发我去回顾历史。我之所以写作自由思想在美国的历史演变,一部分原因是为了反驳保守派在20世纪90年代大肆宣扬的自由认知。他们将自由的意义局限在限制政府的权力和保护持枪权的狭窄范围之内,认为这是我们政治文化中关于这个关键概念的唯一正宗的"美国"定义。

我的新作《自由之路:"地下铁路"秘史》则是起源于一个偶然事件。几年前,我在哥伦比亚大学认识了一个名叫麦德琳(Madeline)的本科生。她当时正在写毕业论文,题目是关于纽约市的一家废奴主义报纸的主编悉尼·霍华德·盖伊(Sydney Howard Gay)的生平。盖伊留下的手稿一共有85个纸盒子,都存放在哥伦比亚大学图书馆的手稿文献部。麦德琳每天下午都要来帮助我们家遛狗,所以我与她经常见面。一天下午,麦德琳对我说:"方纳教授,盖伊手稿档案的第75号纸盒子里有一本笔记,上面有关于逃奴的记录。这本笔记与我的论文没有关系,但也许你会感兴趣。"这样,有一天我正好去了图书馆,从手稿文献部调出盖伊档案的第75号纸盒子。我在里面发现了两个小笔记本,标题是《逃奴记事》(Record of Fugitives)。我立刻被吸引住了,发现这两本笔记极为令人着迷,而且信息量巨大。它们记录了200多名在19世纪50年代经由纽约市奔向加拿大的逃奴的声音。它们包含了关于"地下铁路"(underground railroad)——一个由北部人建构的帮助逃奴投奔自由的交通与关系网络——的详细信息。它们为奴隶们的反抗活动、而不仅仅是政治家们的辩论提供了材料,正是这种反抗活动帮助扩大了南部与北部的分歧,最终导致了内战的来临。与此同时,这两本笔记也提出了一系列深刻的问题,包括关于法治、抵制不正义法律的道德责任,以及联邦政府在逃奴问题中所扮演的角色等——正如今天一样，在那些寻求更好生活的难民们的前进道路上，政府曾设置了种种障碍；19 世纪 50 年代，这些难民来自我们自己的国家，他们企图逃离的是野蛮的奴隶制。

抛开"地下铁路"来讨论逃奴是不可能的。我们不清楚这个词究竟是什么时候开始使用的。不管它是如何起源的，到 1853 年的时候，《纽约时报》已经观察到"'"地下铁路"'已经被普遍用来形容一种在美国内部不同区域的有组织的安排，用于帮助奴隶从奴隶制中逃离出来"。同年，一家北卡罗来纳报纸提供了一个明显不同的定义："由废奴主义者组成的团体，其首要的事业是从南部种植园中偷窃或帮助偷窃奴隶，或引诱和欺骗奴隶们出逃；……将奴隶从宽容而节俭的主人那里偷走；……然后把他们带到一个寒冷、陌生和冷漠的国度，将他们遗弃在那里，在冰天雪地里挨饿受冻，直至在光荣的自由中悲惨地死去。"

长期以来，历史学家一直为这个由北部社区成员构成、其站点分布延伸到南部的秘密交通网络是否真的存在过争论不休，争论本身也为历史解释为何不断发生变化以及如何变化提供了一个很有意思的例证。美国内战结束后不久，一些废奴主义者出版了他们的回忆录，希望提醒读者记住他们做出的贡献，并强调国家需要下决心保护奴隶从内战中获得的自由。尽管这些回忆录包含了许多关于奴隶如何下决心争取自由的信息，但它们倾向于将白人废奴主义者描述成故事的中心人物。唯一的著名例外是威廉·斯蒂尔（William Still）于1872年初开始出版的《"地下铁路"》（*The Underground Railroad*）的几个版本。斯蒂尔是一名黑人废奴主义者，1847年他为宾夕法尼亚州反奴协会招募，成为该协会办公室的一名职员，并在随后的10年中负责指导费城警戒委员会的工作，该委员会是一个专门为逃奴提供救助的地方社团。他在委员会工作期间始终记日记，在日记中详细记载了成百上千的逃奴的情况，并在后来以这本日记为基础写作了一本书，现在可以从网上读到他的日记的全文。

关于"地下铁路"的学术研究始于19世纪90年代，当时在俄亥俄州立大学执教的历史学教授威尔伯·西伯特（Wilbur H. Siebert）向为数不多尚在人世的废奴主义者寄送问卷，请他们讲述"地下铁路"运作的细节。西伯特以此为据发表了好几部关于"地下铁路"的著作。他将"地下铁路"描绘成为一个组织严密、运作有序的联络与运送系统，由美国通往加拿大的无数个站点（station）构成了一个"有效而复杂的网络"，参与其中的北部人士多达数千人。这一形象被书中附带的详细地图（基本上是西伯特凭借他丰富的想象力所绘制的）所强化，地图甚至标示了逃奴们经常采用的逃亡路线。西伯特的著作自出版以来基本上没有受到任何挑战，直到1961年，拉里·加拉（Larry Gara）出版了《自由路线》（*The Liberty Line*）一书，才在书中对前辈的研究方法和结论提出了强烈的批评。加拉批评西伯特不加批判地全盘接受了"老一代废奴主义者"的带有浓厚浪漫主义色彩的回忆。加拉写道：历史学家为一部实际上的"民间传说"（popular legend）注入了合法性，而这部传说所强调的是具有仁慈心肠的白人在奴隶逃跑过程中扮演的重要角色，完全忽视了逃奴自身和北部自由黑人社区所作出的贡献。他认为，那种认为有一个组织有效的、将无数黑人护送至自由领土的交通网络实际上不过是一种迷思，并不真实的存在过。

许多历史学家迅速接受了加拉的结论，很不幸的是，这一反响导致了学术界对"地下铁路"的研究的长期忽视。约翰·霍普·富兰克林（John Hope Franklin）和洛伦·施文格尔（Loren Schweninger）1999年出版了最全面的逃奴问题研究，但在该书的索引中"地下铁路"一词仅出现了两次。最近，专业学界内外的历史学家重新开启了对这一问题的研究。在承认西伯特有夸大事实的同时，历史学家重新回到他收集的材料中，用详细深入的地方研究材料来对其进行补充，重新仔细研究内战前废奴主义者之间的通信和反奴运动的报刊杂志等。

与此同时，"地下铁路"成为了公共史学关注的一个焦点而得以复兴。2004年，名曰""地下铁路"自由中心"（Underground Railroad Freedom Center）的国家级博物馆在俄亥俄州的辛辛那提建成揭幕。联邦国家公园局（National Park Service）设计制作了一系列与"地下铁路"相关的公众教育活动(包括一个沿着"地下铁路"线路旅行的单车"探险"活动)。(我可以告诉大家,在我的研究中,我没有发现任何一个奴隶是骑着自行车逃离奴隶制的。)哈里亚特·塔布曼(Harriet Tubman)是一名勇敢无畏的逃奴,她从奴隶制中逃出之后,曾几次返回南部,带领70名奴隶逃离,奔向自由。她在今天成了美国的民族英雄。她的形象将很快取代安德鲁·杰克逊总统出现在20美元的纸币上。(这看上去倒是一种极为公平的做法,不光因为现在已经到了我们的货币上应该有妇女形象的时候,而且也因为杰克逊曾强烈地反对使用纸币,因为他认为纸币并无真实的价值。)还有许多的地方团体都十分积极地在本地找寻和识别那些曾经为逃奴们用来藏身的历史遗址。这样做当然有各种各样的理由,包括增加社区的自豪感,吸引更多的游客,抬高本地的房地产价值等,但这些活动也增进和加深了我们对当时位于各地的废奴活动积极分子如何为逃奴们提供帮助的了解。大众对于"地下铁路"的盎然兴趣自然不难理解。当奴隶制和内战的历史再度成为全国关注的焦点时,许多相关主题备受争议,而"地下铁路"则是我们历史上白人和黑人为了正义的事业能够携手奋斗的一种象征。

从近期研究中浮现出来的"地下铁路",并不是一个由无数隧道、口令和清楚划定的道路和站点构成的秘密体制,也不具有统一指挥和高度组织化的特征,而是一个由不同地方网络构成的连环套体系（an interlocking series of local networks），这些地方网络的兴起与衰落随着时间的变化而变化，但它们此起彼伏地联合起来，帮助一大批逃奴逃到了北部自由州和加拿大，获得了人身安全。"地下铁路"不应该被理解成是一个单独的体制或系统，用伞状来形容应该更为准确，因为它覆盖了不同地方团体的活动，这些团体使用了不同的方法来援助逃奴们，有些方法是公开的，有些甚至是合法的，但有的也是公然无视当时和当地法律的行为。城市中"警戒委员会"和乡村地区的反奴积极分子将逃奴藏匿起来，然后将他们送上逃亡之路；他们有的时候也动用武力将逃奴从捕捉逃奴的人手中抢夺过来，他们当然也在法庭上为逃奴进行辩护，筹款为逃奴赎身等。许多个人都在某一时刻对逃奴提供过援助，但只有一小部分人是全身心地投入这一事业之中。"地下铁路"不是一个独立的体制，而是构成了马萨诸塞州共和党参议员、废奴主义者查尔斯·萨姆纳（Charles Sumner）所说的"反对奴隶制事业"的一部分，这是一桩范围广泛的事业，包括了许多的个人、观点和活动，它的目的是为了终结美国的奴隶制。

"地下铁路"的运作也并非完全是秘密的，相反，它是一个半公开进行活动的体制（a quasi-public institution）。在许多北部社区中，那些密切参与拯救逃奴的人的身份是广为人知的。这是一桩危险的工作，有人曾因为帮助逃奴而被投入监狱。但许多人却将他们的活动在当地报纸上公诸于众。克利夫兰警戒委员会甚至还有自己的会旗,《弗雷德里克·道格拉斯报》曾对它做了描述:"神圣的大力神(Hercules)高举一根大棒;奴隶制的魔鬼匍伏在地;远方站立着一名妇女,手中举着被打碎的镣铐;大力神的手指向写有'自由'的格言。"

我的著作《自由之路》讨论的是纽约市的"地下铁路",在所有关于这个主题的研究中,这是一个几乎完全被忽略的地方。既然根据定义,"地下铁路"要从一个地点延伸出去,我的著作也讨论了我称为"大都会通道"(Metropolitan Corridor)的故事,即一条从弗吉尼亚出发、穿越费城和纽约,然后延伸到纽约上州和加拿大的漫长通道。我感兴趣的不光是那些经过纽约市的逃奴们的故事,这点我会很快就会讲到,而且也包括逃离奴隶制这一行动本身所具有的广泛的政治意义。

有多少美国奴隶设法从奴隶制中逃脱?无人知道。我的估计是,1830年到1860年之间每年大约有1000人逃离奴隶制;照此算下来总共有3万人左右。这个数字听上去很大,但不要忘了在1860年美国有400万名奴隶,所以一年1000名奴隶逃亡并不会摧毁奴隶制。一位名叫塞缪尔·卡特赖特(Samuel Cartwright)的南部医生曾声称,当时有不少人被诊断出患有一种医学上史无前例的疾病,他将这种病称为"漂泊症"(drapetomania)——一种导致奴隶们逃跑的疾病。作家弗里德里克·劳·奥姆斯特德

（Frederick Law Olmsted）读到这一说法时说，殖民地时代的白人契约奴工曾经常逃亡。他揶揄道，也许奴隶们是从那些白人契约奴工那里被传染上这种疾病。当然，逃跑只是奴隶反抗活动的一部分，奴隶们的反抗包括了从与奴隶主及监工的日常斗争一直到直截了当的奴隶暴动等一系列范围广泛的活动。但奴隶逃跑对内战前的美国政治来说具有最强烈的和最持续的影响。

就最直接的影响而言，奴隶们的逃亡导致那些关于他们受到良好待遇、生活心满意足的亲奴隶制宣传不攻自破。对废奴主义者的事业而言，逃奴为这个时而四分五裂的运动注入了一种新的领导力量，提供了一个团结合作的起点。19世纪四五十年代，包括弗雷德里克·道格拉斯和亨利·加尼特（Henry H. Garnet）以及其他许多人在内的逃奴成为了优秀的废奴主义演说家、作者和编辑。对逃奴的抓捕和归还则强化了废奴主义者们的观点，即奴隶制对所有美国人珍爱的自由和权利都造成了威胁，尤其剥夺了一个人在遭到犯罪指责时，需要在法官和陪审团面前陈述案情的权利（在1793年和1850年《逃奴法》中，凡是被认定是逃奴的人就被剥夺了这样的权利）。

逃奴们和他们的支持者的行动将一系列具有爆炸性的问题推到了国家政治舞台的中心，包括蓄奴州法律的有效性应该在何种程度上延伸到北部境内，以及联邦政府与奴隶制究竟是什么关系等。在建国初期，逃奴问题作为一个各方对峙的焦点问题，在制宪会议上曾得到讨论，但在乔治·华盛顿就职四年之后，联邦第一部《逃奴法》得以通过，从法律上准允对逃奴的抓捕。逃奴的地位问题也成为美国外交的一个焦点问题。在独立战争和1812年战争结束之后，联邦政府曾做了一系列的努力，索回那些逃到英国的奴隶，或为赔偿奴隶主的损失向英国争取金钱补偿。伦敦极不情愿归还这些奴隶，也不愿归还那些随后逃到加拿大或英属加勒比海殖民地的奴隶，这自然引发了华盛顿方面的无数抱怨。墨西哥也向逃奴们提供了避难所，还有一些印第安人部落也如法炮制，尤其是塞米诺人，在他们于1842年被强迫移居西部之前，他们也曾为逃奴提供庇护之地。联邦政府为那些丧失了奴隶财产的奴隶主提供协助，这一点强化了奴隶制势力左右联邦政府决策的看法，如同北部官员归还逃奴的做法暴露了位于奴隶制体制中的自由州对奴隶制的屈服。

追捕逃奴者行使的是普通法传统中的"索回"权（right of "reception"），这一权利准允主人恢复对被盗窃的或失去的具有能动力的财产——比如一匹走失的马或一个逃跑的奴隶等——进行重新法律占有的权利，而无需通过任何法律程序，只要这一程序是有序进行的，并且没有伤及第三者。1842年，联邦最高法院审理了普利格诉宾夕法尼亚州案（*Prigg v. Pennsylvania*），这是第一桩涉及逃奴的案件。在其宣判中，最高法院对索回权的合宪性予以承认，并宣布，鉴于原始宪法中的关于逃奴的规定，任何地方法律不得阻挠奴隶主或他的代理人对逃奴实施抓捕和归还的行动。但与此同时，来自马萨诸塞州的大法官斯托利（Joseph Story）在其执笔写成的法院判决中又写道，既然抓捕逃奴是一种联邦政府的责任，各州在这一程序中则不具有必须参与的责任。这一意见令一些北部州借机通过了本州的《个人人身自由法》，后者禁止地方政府官员参与抓捕逃奴的行动。

逃奴数量的增加和北部对归还逃奴的拒绝成为1850年《逃奴法》得以制定的近因，这部新的法律要求普通公民帮助抓捕逃奴，推翻了那些为归还逃奴设置障碍的地方法律法规，并对那些企图干扰逃奴抓捕的官员或平民公民建立起严厉的惩罚措施。随着19世纪50年代中期南北区域争执的加剧，对这一法律的有效实施很快变成了南部的一个主要要求。具有讽刺意义的是，南部白人通常是地方权利的坚定捍卫者，此刻却要求联邦政府采取有力行动，而有些北部州则采取行动将联邦法宣布为无效。北部对逃奴的援助、法官们无视《逃奴法》反而命令释放被抓捕的逃奴的举动，以及地方陪审团不愿将那些参与众所周知的拯救逃奴活动的人判罪的举动等，这一切逐渐成为南北双方在南部要挟退出联邦的危机时刻激烈争执的重要问题。

许多北部的普通公民原本与废奴主义运动并无关联，但在此刻，因为与逃奴的个人接触和对逃奴法的抵制，他们开始面对个人良心和法律责任之间的关系的问题。当然，许多甚至大多数北部人,即便那些十分憎恨奴隶制的人,感到对宪法的尊重必须超越对逃奴的同情。亚伯拉罕·林肯就是这种思想的典型代表。他在1855年曾经写道,他不愿"看到那些可怜的家伙们被人追捕",但出于对法治的尊重,"我必须咬紧嘴唇,保持沉默"。但总体来说,逃奴问题成为导致内战来临的一个重要因素。

纽约市是"大都会通道"上的一个重要的中间站。美国历史上的一些最有名的逃奴都途经这里,包括弗雷德里克·道格拉斯、哈里亚特·雅各布斯(Harriet Jacobs)、哈里亚特·塔布曼和亨利·"布克斯"·布朗(Henry "Box" Brown,后者在逃亡时将自己装在一个木箱子中,被船从里士满[Richmond]运送到费城)。布朗最终抵达了英国,在那里变成了一位有名的演讲者,并带着他的木箱或其仿制品出演一部关于奴隶制历史的全景活动图展。与其他拥有蓬勃发展的废奴主义活动的社区不同的是,纽约市废奴主义团体的规模很小,相反,它在经济上与南部蓄奴州保持着密切的联系,市政府也是亲奴隶制的。即便奴隶制早在1827年就在纽约市终止了,但南部的奴隶制一直是该市经济繁荣的重要原因之一,许多地方官员乐于在抓捕和归还逃奴方面给予合作。所以,该城对逃奴的援助活动大部分是以秘密方式进行的。如果做一个智力拼图游戏,记录纽约市"地下铁路"的故事,在这之中,许多重要的细节都已丢失而无法还原。

只要有奴隶制存在,逃奴就会存在。美国革命期间,英国军队占领纽约后,向那些"爱国"的奴隶提供了自由,成千上万的奴隶听说后大量逃入纽约城。当英国军队撤退时,有3000多名奴隶随之而去。该市援助逃奴的力量直到19世纪30年代才得以组织起来,逐渐成形。纽约市警戒委员会(Committee of Vigilance)是于1835年由黑人废奴主义积极分子戴维·拉格尔斯(David Ruggles)创立的,他是格雷厄姆·霍杰斯(Graham Hodges)近期出版的人物传记的主角。委员会的最初目标是阻止抓捕自由黑人并将他们作为奴隶贩卖的行动。这一行动现在经过电影《为奴十二年》变得广为人知,事实上,早在所罗门·诺斯拉普(Solomon Northrup)被劫持之前,绑架自由黑人尤其是绑架黑人儿童的事件便经常发生,有泛滥之势。而且这种事情在纽约通常得到政府官员的首肯,是在他们眼皮子底下发生的。

警戒委员会以不同形式得以存活,一直延续到内战爆发。积极参与的领导人由为数不多的十几人组成,主要是黑人,但也有几名白人。但这个团体及其支持者参与了一系列范围广泛的活动,有些活动是合法的和公开的,有些是在纽约街头展开的大众抗议活动,还有一些则是以秘密和违法方式进行的。警戒委员会为筹款和报告自己的活动举行每月例会,向立法机构请愿,要求扩大自由黑人和被指控为逃奴的那些黑人的权利,雇佣律师前往法院阻止企图绑架黑人的行动,阻止逃奴的归还,并帮助那些由南部人和外国人带入城市的奴隶获取自由。在1835年到1860年间，该委员会一共为大约 3000 名经过纽约的逃奴提供了帮助。

1840 年，废奴主义运动经历了一次分裂，其中的原因过于复杂而无法在此细说，"地下铁路"的第二支力量在纽约得以建立，创建者是威廉·劳埃德·加里森的支持者，因为警戒委员会与反加里森派的废奴主义者有密切的关系，后者的领袖人物是纽约的路易斯·塔潘（Lewis Tappan）。这两支力量相互之间进行着一场被塔潘称为友好竞争的活动，为逃奴提供帮助，有的时候甚至一同工作。第二力量的基地坐落在《全国反奴标准报》（*National Anti-Slavery Standard*）的办公室内，领导人是该报的主编悉尼·霍华德·盖伊和路易斯·拿破仑（Louis Napoleon），后者是一个在该报办公室工作的搬运工，他虽然不识字，但参与了许多与逃奴相关的活动。他负责侦巡纽约的码头，寻找那些藏身于船上的奴隶，以及被外地船只非法带入纽约的奴隶，他与来自费城的逃奴在渡船口岸见面。在一次法庭审理中，为奴隶主辩护的律师挖苦地质问废奴主义者的律师约翰·杰伊（John Jay），在本案中起诉的拿破仑是不是法国皇帝拿破仑，杰伊回答说，"不，但他是一个更优秀的人"。

具有讽刺意味的是，纽约黑人通常从事的职业——旅店或私人家庭中的仆人、海员或码头工人等，使他们占据了极有战略意义的帮助那些被外来船只带入纽约的奴隶的位置。1847 年，黑人码头工人告知拿破仑，有 3 名奴隶被关押在一艘刚刚靠岸的巴西籍船上。"一群有色人种"聚集在码头上,拿破仑拿到了法院的人身保护令状。奴隶们先是被短暂地拘留到监狱之中。在经过一系列的听证之后,一名法官命令将逃奴放归回船。不料此时此刻,正如《纽约时报》所报道的,"鸟儿们已经起飞了"。据称,盖伊和两个同伴先将监狱长灌醉,随后将被监禁的奴隶全部释放,获得自由的奴隶们立刻不失时机地踏上了奔往波士顿的道路。

在内战发生之前的十年之内,纽约市由于逃奴问题变成了区域冲突的一个焦点。1850年《逃奴法》实施后的第一场逮捕是在这里发生的。一名联邦执法官指示下属将最近从马里兰逃出的奴隶詹姆斯·哈姆雷特(James Hamlet)押送到巴尔的摩,产生的费用将由联邦政府支付。但哈姆雷特的故事并未就此终结。他的主人提出,哈姆雷特可以以支付800美元的方式赎买自由。纽约市数个黑人组织的两千名成员,"加上为数不多的但显眼的一小部分白人废奴主义者",聚集在非裔卫理公会教堂(African Methodist Episcopal Zion Church)内征集捐款。纽约市商界的报纸《商业日报》(*The Journal of Commerce*)也发动起自己的筹款活动。在被捕一周之后,哈姆雷特以自由人的身份又回到了纽约。

哈姆雷特一案将纽约市的黑人社区激发起来。一个"有色人种的大型集会"在市政厅公园举行——这是当地举行的第一次黑人集会——欢庆他的回归。在活动结束的时候,哈姆雷特被作为胜利的象征抬到了一个渡船的码头,数百名纽约市的黑人从那里陪同他步行回到位于布鲁克林的家中。尽管这桩赎买是完全合法的,但商业界很快表示它无意对新《逃奴法》进行抵制。由民主、共和两党的商人和银行家参加的一个公共集会发表了一项公开声明,表示支持《逃奴法》的实施。商人和银行家们还建立起联邦安全委员会(Union Safety Committee,一个与警戒委员会功能相反的组织),负责动员支持归还逃奴的大众意见。所以,这两个组织同时在纽约展开工作——警戒委员会的目标是帮助逃奴,而联邦安全委员会则立志要将逃奴遣返回到奴隶制中。

内战之前还将有另外 11 桩引渡逃奴的案件在纽约发生。这看上去是一个不起眼的数目,但它们在纽约市黑人社区中制造出一场危机。哈里亚特·雅各布斯在她 1861 年出版的回忆录中,生动地讲述此间存在的惊恐状况。人人变成了"即时的警戒委员会",为审查南部人的到来而核查报刊和巡视街道。"一整个冬天,我都生活在焦虑之中……我十分害怕夏日的来临,到那个时候毒蛇和奴隶主就会显身露面。"雅各布斯还描绘这场浩劫给黑人家庭带来的困扰:"当上流社会在大都会大厅欣赏珍妮·林德(Jenny Lind)那令人销魂动魄的歌声时,那些被追捕的有色人的凄惨的呼声也在不断高涨,他们在痛苦地祈求上帝的帮助……许多家庭在这座城市已经居住了 20 多年,此刻不得不逃离而去……许多妻子突然发现她们并不知道的一个秘密——她们的丈夫是逃奴，此刻必须为了自己的安全而逃离。更糟糕的是，许多丈夫发现他们的妻子是多年前从奴隶制中逃离出来的奴隶，更有甚者，……他们的爱人所生养的孩子有可能被夺走并被投入奴隶制中。"许多黑人因此而离开了纽约。一位逃奴最初历尽万难从路易斯安那州步行来到布鲁克林，此刻跳上一艘驶向太平洋的捕鲸船。他写道，"我想，除非我抵达地球的另外一面，否则我不可能获得安全"。

盖伊的《逃奴记事》激发起我的研究兴趣，而这份材料所描述的活动在上述的背景下更是彰显出特殊的意义。在1855年和1856年，盖伊详细记录了两百多名抵达他的办公室的男人、妇女和儿童的情况。这份材料是一个信息的宝藏，记录了奴隶们为何想要逃跑和他们如何逃跑、谁在帮助他们以及他们从纽约去了何处等重要信息。并不令人惊奇的是，为盖伊所记录的奴隶有一半左右来自马里兰州和特拉华州，这是位于东部的两个与自由土地最为接近的蓄奴州。令人感到更为惊奇的是来自弗吉尼亚州和北卡罗来纳州的逃奴的数量，这两州距离纽约市的距离要比前两州更为遥远。（地处更为南边的奴隶倾向于逃到类如莫比尔[Mobile]和新奥尔良这样的城市中，他们在这些城市中可以寻求在自由黑人社区中藏身，而来自得克萨斯的奴隶则选择逃向比邻的墨西哥。）参与潜逃的有各个年龄段的奴隶，但大部分是20岁左右的人，这是他们劳动力最为旺盛的年龄段，对于他们的主人而言，也是他们的经济价值达到顶峰的时段。四分之三的逃奴都是男性。

从那些途经纽约市的逃奴们的背景可以看到，奴隶制如何无孔不入地渗透到南部经济的每个角落之中。逃奴群体包括了从种植园奴工、小农场劳工到家庭仆人、旅店搬运工、厨子、都市的手工匠人——木匠、铁匠，甚至还有蒸汽机操作工。许多逃奴曾经"自我出租"过，他们在城市里与主人分开居住，但必须将挣到的工资交予主人，同时也能为自己保留一部分收入。许多人能够为帮助自己逃跑的人支付一些费用。有些人的主人是名声显赫的富有之人，最引人注目的是约翰·布兰奇（John Branch），他曾经是北卡罗来纳州和佛罗里达州的州长，在两个州都拥有大型种植园和上百名奴隶。一大批逃奴的主人是小自耕农，他们只拥有为数不多的奴隶，所以哪怕只有一个奴隶逃跑，对他们来说都是惨重的经济损失。此外，许多奴隶主从事非农业的职业，包括商人、牧师、银行家、律师等，逃奴的主人中还包括一名联邦海军军官、一名裁缝和一名酒庄老板。

促使奴隶们逃跑的最基本动机当然是对自由的渴望，有几个奴隶曾在企图逃亡的过程中被抓回，有的人在成功逃离之前有过两次、三次甚至四次被抓回的经历。但逃奴们提到的促使他们逃跑的最直接、也是最普遍的原因是体罚。逃奴们讲述的故事中充满了关于经常遭受鞭打和其他残酷体罚的细节;他们使用的抱怨词语包括"极大的暴力""糟糕的待遇""严厉的主人""非常严格"以及"一个极为残酷的人"等。弗兰克·万泽尔(Frank Wanzer)称他主人路德·沙利文(Luther Sullivan)是"全弗吉尼亚州最狠毒的人"。来自诺福克(Norfolk)的詹姆斯·莫里斯(James Morris)称自己的女主人安·麦科特(Ann McCourt)为"一个自以为是的女人"。他为盖伊写下了自己遭受的虐待:"8年来,我每天只吃得上一顿饭……曾经被卖了3次,而且被主人威胁要第4次被贩卖……被监工鞭打了400次,头上被斧子劈过,流了3天的血……手脚被紧紧捆住,被一根棒子打倒在地,然后又在寒冷之中被赤脚罚站长达4个小时之久。" 无时不在的被贩卖的威胁是促使奴隶们冒险逃跑的第二大动机。为了躲避被放到拍卖场上任人买卖,或在自己的家庭成员被贩卖之后,许多奴隶采取了逃跑行动。

逃离奴隶制涉及每个家庭成员的去留问题,迫使奴隶们做出撕心裂肺的决定。当奴隶们以集体方式出逃时,群体中通常包括了亲属成员——丈夫与妻子、兄弟姐妹等,如同盖伊的记录显示的,有时甚至还包括了幼童。然而,绝大多数的逃亡者都是只身出逃,不得不将亲人留在南部。许多人希望家庭的分离不会成为一种永远的事实。查尔斯·卡特(Charles Carter)对盖伊说,他"决心……想尽办法"也要将妻子和四个孩子"拯救出来"。许多逃奴希望从威廉·斯蒂尔那里得到帮助，以找寻他们的家庭成员。菲丽丝·古尔特（Phyllis Gault）和她的儿子迪克从弗吉尼亚的诺福克逃出，经由费城和纽约最终抵达波士顿，两年半之后，她写信给斯蒂尔，询问是不是有办法将"小约翰偷运出来"。但斯蒂尔对这类要求的回答通常是爱莫能助。

虽然在大众熟悉的"地下铁路"的画面中，突出刻画的是零散而孤独的逃亡者徒步北上的情形，但事实上19世纪50年代途经纽约城的逃奴们更多是以群体而不是以单独的方式逃亡的。许多逃奴是通过搭乘由艾尔伯特·富恩腾（Albert Fountain）船长的名曰"查尔斯福特号"（*Charles T. Ford*）船得以逃亡的。19世纪50年代富恩腾开辟了一条从里士满和诺福克到纽约市的邮包运输线。他的船经常在特拉华州的威尔明顿（Wilmington）停留，在那里放下从南部逃出的奴隶，或带上由当地废奴主义者托马斯·加里特（Thomas Garrett）送出的逃奴。抵达费城之后，富恩腾将船上的逃奴带到布罗特街的尽头处下船，威廉·斯蒂尔会安排人在那里接应他们。斯蒂尔写道，富恩腾并不"拒绝从他提供的服务中收取补偿费"，最高费用可达到运送一个奴隶收取100美元。如果是运送逃奴的家人，他会要求更高额的费用。有一次，当富恩腾带有21名逃奴的船正要起航时，政府官员来到船上检查。富恩腾拿出一把斧子，开始砍甲板上的船板，以向巡查官员证明没有人藏在船的甲板下面。

盖伊的记录让我们得以窥见奴隶们为逃离主人而采用的各种方法，以及由此而展示的足智多谋。除了那些通过搭乘轮船逃离的群体之外，许多人还单独与船长联系，安排自己的旅程（为此他们通常需要支付一大笔费用）；他们被富有同情心的船员藏在船内，或在无人知晓的情况下随船出逃。其他人则通过搭火车的方式逃离。哈利亚特·伊戈林（Harriet Eglin）和她的亲戚夏洛特·盖尔斯（Charlotte Giles）以"夏洛特女主人的名义"向人借了五美元，然后告知一白人男子说她们是自由黑人，请他帮助买到了去往宾夕法尼亚的火车票。另外一种常用的逃跑方式是擅自使用主人的马匹和四轮马车。玛丽·考门思（Mary Cummens）和她的成人儿子詹姆斯以及11岁的女儿露西（Lucy），还有另外一名奴隶，都是马里兰州哈格斯顿镇（Hagerstown）富有的大种植园主雅各布·霍林格斯沃斯（Jacob Hollingsworth）的奴隶。他们驾着主人的四轮马车奔向宾夕法尼亚州的希彭斯堡（Shippensburg），在那里登上去哈里斯堡和费城的火车，然后又辗转到了纽约市。盖伊安排将考门思家庭送到了加拿大。1860年的人口普查记录显示，玛丽和露西居住在多伦多以南60里的哈密尔顿镇上。当然有许多奴隶是徒步逃亡的，有的时候需要进行长途跋涉。赛门·希尔（Simon Hill）是一名来自弗吉尼亚州阿波马托克斯（Appomattox）县的奴隶，他告诉盖伊，他选择"从……树林中走，低着身子迈步朝北行走，花了两个多星期，才抵达费城"，这一段距离足有两百多英里。

除了个人逃亡的戏剧性故事之外，盖伊的《逃奴记事》也包括了他对19世纪50年代"地下铁路"运作一部分关键细节的深入观察。盖伊注意到，大约有50名逃奴是在威尔明顿的托马斯·加里特的帮助下逃到纽约市的，大约有30人是通过"查尔斯福特号"来到纽约的。但在梅森－迪克森线以南，逃奴接受的帮助更多是来自与任何网络没有关联的个人。所以，当奴隶打算逃跑或正在逃跑之中，他们倾向于首先与黑人联络或接触。一位自由黑人妇女就曾把钱给来自马里兰州切斯特县的玛丽·科蒂斯（Mary Curtis），让她用来购买去费城的火车票。

一旦跨越了梅森－迪克森线进入宾夕法尼亚州之后，逃奴们就会遇到许多愿意为他们提供帮助的人，白人和黑人都有。对于逃亡的奴隶来说，他们早就知道贵格派教徒在帮助逃奴方面扮演过重要的角色。1855年12月，亨利·库珀（Henry Cooper）徒步从马里兰州的米德镇（Middletown）逃到宾夕法尼亚州。当他进入北彻斯特（North Chester）时，他"停下来敲开一户人家的门，询问贵格派教友住在何处"。

盖伊的工作正好在两个"地下铁路"网络交集之处，即以威廉·斯蒂尔在费城的办公室为中心的位于宾夕法尼亚州东南部的"地下铁路"网络，和位于新英格兰和纽约上州的警戒委员会。从纽约市送出的大量逃奴要经过纽约上州进入加拿大行进，而在上州的"地下铁路"的运作十分顺畅,不受任何惩罚和威胁。

盖伊向锡拉丘斯(Syracuse)送去的逃奴比送往其他目的地的逃奴加起来还要多,锡拉丘斯位于阿尔巴尼和与美加边境的中点,也是1851年拯救杰里(Jerry rescue)的暴力事件发生的地方,因为当地拥有非常强烈的反对奴隶制的气氛,而被称为美国的加拿大。居住在锡拉丘斯的杰尔曼·洛根(Jermain Loguen),曾经是一名逃奴,被认为是整个北部最有能力的"地下铁路"操作手。在19世纪50年代,洛根以该城的""地下铁路"之王"而著称。他几乎是毫不掩饰地公开运送逃奴。当地一家民主党报纸抱怨说,他竟然"在光天化日之下赶着装满被瞒哄的逃奴的大车招摇过市"。那些带有同情的报纸则报道说,逃奴群体抵达了"洛根的地方",并公布了经由该城中转的逃奴人数的年度数字(根据其中一项统计,1855年有200人)。洛根在报纸上刊登逃奴捕捉者在该城的踪迹,呼吁该城市民将他们轰出城去。1859年,洛根在他的住所举办了一场筹款活动。根据一家报纸的报道,整个住所都被"'地下铁路'的朋友和来访者挤满了",出席者中还包括"大约30名逃奴",他们在锡拉丘斯城里和附近找到了就业的机会。

盖伊的记事在1856年终止,但逃奴穿过纽约市的活动并没有停止。逃奴问题在退出联邦的危机中扮演了极为关键的角色。尽管从南卡罗来纳直接逃到北部的奴隶为数甚少,但该州在其发布的《关于退出联邦的近因的宣言》中,所列举的第一项对自由州的抱怨便是它们为逃奴的归还制造了重重障碍。在1861年3月4日发表的总统就职演说中，亚伯拉罕·林肯再度确认了联邦归还逃奴的宪法责任，但加上了一句，"所有为文明和人道法则所承认的自由保障"都将受到尊重，"以保证一个自由人不会在任何情况下被作为奴隶而逮捕"。林肯当然清楚，他的这番言论是不太可能与南部达成和解的。

无论林肯在这个问题上的真实立场究竟是什么，内战的打响激发起奴隶们纷纷逃向北部，带来了逃奴人口的激增。在南部向桑姆特堡开炮三天之后，《纽约论坛报》观察到，经过费城的逃奴人数"比平常大大增加了"。位于费城的废奴主义者詹姆斯·米勒·麦克姆（James Miller McKim）报告说，逃跑的奴隶现在"可以在大白天……选择各种距离他们最近的道路"，毫无惧怕地旅行。他接着说，任何人"如果现在还想要抓捕和归还逃奴，将是一个十足的蠢蛋"。

内战彻底转化了奴隶希望拥有的争取自由的机会。联邦军队一旦进入南部的某个地区，奴隶们会立即逃向联邦军队寻求庇护，这样的情形在马里兰州从战争伊始就发生了。其他人则奔向哥伦比亚特区的华盛顿，此刻这里已经变成了反对奴隶制政府的首都。随着成百上千的奴隶逃到联邦军事线之内寻求庇护，林肯政府最初实施的关于逃奴的政策显然无法生效了。到1861年年底时，林肯宣布那些已经进入联邦军事线内的奴隶获得解放。1862

年初，随着联邦军队进入密西西比河流域，奴隶们向洪水一样涌入联邦军队警戒线内，国会下令严禁联邦将领将逃奴归还给奴隶主。

奴隶们不再需要从奴役中逃离，奔向北部或加拿大。大量的奴隶——男人、女人和儿童，各种年龄的人——跨越联邦军队的军事线，他们的数量远远超过了前30年抵达北部自由州和加拿大的逃奴人数。""地下铁路"……的终期已经到了，"麦克姆写道，"我借这个机会……感谢那些为费城警戒委员会的财政做出贡献的人……并告知他们，很可能我们不再会请求他们为这条特殊商业路线提供帮助。"至于纽约市，一家废奴主义报纸的作者在1863年揶揄道，因为战时的经济繁荣，北部的所有铁路线"都在从事着某种蒸蒸日上的商业，只有"地下铁路"是例外，它现在几乎没有事情可做……几乎没有任何一个单独的旅行者前来使用"。许多逃往加拿大的逃奴现在开始返回美国，有的则加入联邦军队之中。

然而，尽管《逃奴法》极不协调而且也无法实施，却一直被保留在联邦法律中，直到1864年才被彻底废除，此刻已经是在林肯颁布《解放奴隶宣言》一年多之后了。在重建时期，该法曾有过一次极具讽刺意义的再生机会。参议院司法委员会主席莱门·特朗布尔（Lyman Trumbull）曾启用这部臭名昭著的1850年《逃奴法》作为样板，来起草1866年《民权法》。正如我在第四讲中将要谈到的，1866年《民权法》将建立出生地公民资格的原则，并将许多从前为白人独享的权利赋予美国黑人，从而给美国司法传统带来一场革命。为了制定《民权法》，特朗布尔借用了《逃奴法》中的实施机制和民事与刑事惩罚条例，该法将联邦权力置于州法之上，以求为捍卫受宪法保护的权利而建立起一套联邦的责任机制。"过去为了惩罚那些帮助黑人奔向自由的人的法律，"特朗布尔宣称，"现在将被用于……惩罚那些企图将他们保持在奴役之中的人。" 这样，正如艾奥瓦州的詹姆斯·威尔逊所说，在内战之后，国会"用奴隶制的武器库来反对奴隶制"，"在神圣的自由事业的名义之下"，使用"奴隶制自身放在我们手中的武器"。

悉尼·霍华德·盖伊的事业在战时和战后飞黄腾达。他成为了《纽约论坛报》的执行主编，该报是北部最重要的报纸。他向林肯政府施加压力，要求解放奴隶，并征召黑人士兵加入联邦军队，并试图控制该报主编霍拉斯·格雷利（Horace Greeley）具有的不可预测的热情（格雷利曾在1864年企图制造一桩停战协定）。19世纪70年代，盖伊写作了一部四卷本的美国史，后来成为美国历史学会的创会成员。

路易斯·拿破仑在内战之后退休了，生活来源是由废奴主义运动的老朋友们捐助的。19世纪70年代，他最终获得了某种形式的名声。《纽约论坛报》发表了一组名为"纽约城市人文景观"（New York Characters）的系列报道，其中有对拿破仑形象的简短勾画。该报道写道："这位老者"，拄着拐杖，"步履艰难地蹒跚而行"，"谁曾想到……他曾经拯救了 3000 个从奴隶制逃亡出来的人"。作者又说，拿破仑"十分喜欢谈论过去那个时代的光荣业绩"。

路易斯·拿破仑于 1881 年去世，去世之日距离他 81 岁的生日只有四天。为教育后人，他的死亡证书被纽约市市政档案收藏保管。内战开始 20 年之后，签署死亡证书的人写下了他的职业："'地下铁路'特派员"。至今为止，他仍然是不为外界所知的一个废奴主义运动中的默默无闻的英雄，这也正是许多普通的美国黑人和白人在漫长的反对奴隶制的斗争中所扮演的角色。

亚伯拉罕·林肯与美国奴隶制的终结

1865 年 3 月 4 日，在美国内战行将结束之时，亚伯拉罕·林肯发表了第二次总统就职演说。他在演说中将奴隶制的终结描述为是一种"令人难以置信的"(astounding) 的结果。在遣词造句方面，林肯总是小心翼翼，然而此刻他选择使用这个看似夸张的词却并不过分。的确，回首往事，奴隶制的废除似乎是不可避免的，是一种由美国社会的演进而事先决定的结果；或者，在某些历史学家看来，它是依循美国革命的理想的内在逻辑而出现的一种自然结果。但值得人们铭记的是，当林肯在 1861 年就任总统、内战刚刚打响的时候，奴隶制并没有出现衰败的景象，更谈不上即将崩溃。尽管废奴运动在美国进行了数十年之久，当时在美国生活和劳作的奴隶人口已经接近 400 万人，超过美国历史上任何时候的奴隶人口数；尽管当时英属加勒比海殖民地和原西属美洲都已废除了奴隶制，但因为美国境内的奴隶制的迅速扩张，整个西半球事实上拥有了比从前任何时候都更多的奴隶人口。在自美利坚合众国建国到美国内战爆发之前这一段时间内，奴隶主和他们的盟友几乎完全控制了联邦政府。1858 年，反对奴隶制运动在新闻界的主要喉舌《芝加哥论坛报》(Chicago Tribune) 曾直截了当地宣称,"没有任何一个活着的人"会看到美国奴隶制的终结。

然而,奴隶解放最终还是来临了。与所有伟大的历史转型一样,奴隶解放是一个历史进程,而不只是一个单独的事件。它的出现是由于多种原因所致,随时间的发展逐渐演变而成,其中凝聚了许多个人的贡献。"谁解放了奴隶?"现在看上去已经是一个有些乏味的问题,但它有许多不同的答案:林肯、国会、联邦军队、废奴主义者,以及奴隶们自身。奴隶解放从内战之初便开始了。战争打响之后,奴隶们完全无视林肯再三宣称的战争目的——内战的目的仅仅是为了保存联邦的完整——开始逃入联邦军队的警戒线以内,寻求庇护。1863 年 1 月 1 日生效的《解放奴隶宣言》可能是这一历史进程中的关键一步,但绝不是它的开始,也不是它的结束。奴隶制在重新联合起来的联邦内被最终且不可逆转地予以废除,是在 1865 年 12 月当第十三条宪法修正案获得批准的时候。然而,在这一伟大的历史进程中,林肯扮演了最为核心的角色。

林肯是美国历史上最令美国人尊崇的偶像人物。作为一个原汁原味的美国理想和美国迷思的象征——一个自我造就而功成名就之人、美国西部边疆的英雄、美国奴隶的伟大解放者,林肯对我们的历史想象始终施展着一种特殊的魔力。林肯曾被描绘成一个精明老到的政客，一举一动都受到人生雄心的驱使；他也被视为是一个道德主义者，因其对奴隶制的毕生憎恨而顺理成章地接受了内战废除奴隶制的结局；他有时也被认定为是一个种族主义者，曾经为奴隶制进行辩护并试图捍卫它。在他去世之后，从保守派政客到共产党人、民权运动积极分子，再到种族隔离主义分子，所有不同的美国人群体都宣称林肯是属于他们的。

当我们讨论林肯针对奴隶制的观点和政策这一题目时，我们需要牢记一点，正如我在《烈火中的考验》中强调的，那就是林肯的"成长能力"（capacity of growth）。与这一能力相伴的是林肯的极度谦虚和极为开放的心态。林肯并不反感批评，他几乎是张开双臂欢迎批评，并经常从中取长补短。在他去世的时候，在针对奴隶制和种族的问题立场上，林肯所占据的是一个与他早期立场颇为不同的位置。

我对林肯与废奴主义者和激进派共和党人的关系尤为感兴趣，后者在政党政治中实际上代表着废奴主义者的观点。两者都经常批评林肯，他也曾对两者发表过一些并不恭敬的言论。林肯不是一个废奴主义者，也从来不自诩为废奴主义者。但他将自己视为一个范围广泛的反对奴隶制运动的一部分，而反奴运动同时包含了废奴主义者和像他这样的更为温和的政治人物。他深知，废奴主义者在创造一种仇视奴隶制的公共情绪方面做出了重要的贡献。在一系列重要问题上——废除美国首都区域存在的奴隶制、在内战中解放奴隶、允许和鼓励招募黑人士兵参加内战、为永久废除奴隶制而修订联邦宪法、准予获得解放的非裔美国人拥有投票权——林肯最终都接受和采取了由废奴主义者最先提出的立场。奴隶制在内战时期的废除，展示出一种对今天和林肯时代同时具有相关性的例子，即由大众参与的社会运动与富有远见的政治领袖构成的组合将会产生一种影响力极为深远的社会变革。

大多数的废奴主义者企图从外部对政治体制施加影响，而林肯则与他们不同，在几乎整个成人阶段，他都是一位搞政治的人（politician）。在 19 世纪三四十年代，他是伊利诺伊州辉格党内的重要成员，不仅当过州议会议员，还担任过一届联邦国会的众议员。在这一时段的政治生涯中，林肯极少提及或讨论奴隶制问题。他的大部分演讲涉及当时的经济问题——包括银行问题、保护性关税和政府对国内改进项目的资助等。

直到 19 世纪 50 年代中期，当他逐渐成为新建共和党的主要代言人之时，林肯才开始展开说明他对奴隶制问题的看法。在一系列气势磅礴的雄辩演说中，林肯痛斥奴隶制违反了《独立宣言》所宣示的美国建国原则——承认人类平等，承认人人具有生命权、自由权和追求幸福的权利。对于林肯来说，平等权利的概念意味着，在一个为"自由劳动者"提供获得经济与社会地位上升机会的社会中，一个人拥有享有自己劳动果实的平等权利，人们可以从许多不同的角度来谴责奴隶制——道德的、宗教的、政治的和经济的。林肯在不同的时候启用了所有这些角度来谴责奴隶制。但最终他将奴隶制认定为一种"盗窃行为"(a form of theft)——将一个人的劳动窃取来分配给另外一个人享用。民主党人经常指责林肯，说他支持所谓的"黑人平等"(Negro equality)的主张。正如我们将要看到的，林肯对这一指责予以坚决的否认。但他也用一个黑人妇女的例子来解释自己所信仰的平等："在某些方面，她当然与我是不平等的；但在拥有吃自己挣来的面包，而无须征得他人的同意的自然权利方面，她与我是平等的，与所有其他人也是平等的，并不因为她的种族或性别而有所不同。"在他看来，一个人享有自己的劳动成果是一种自然权利，这种权利是平等的基础，而这种权利不因种族或性别的原因而有所不同。

林肯还曾宣称："我从来就憎恨奴隶制，我认为我对奴隶制的憎恨并不亚于任何一位废奴主义者。" 他使用了与废奴主义者相似的语言——他将奴隶制称为是一种"奇丑无比的不正义行为"，是一颗威胁国家生命的毒瘤。那为何他不是一个废奴主义者呢？林肯的身影不应该遮掩类似温德尔·菲利普斯（Wendell Phillips）、弗雷德里克·道格拉斯和艾比·凯利（Abby Kelley）等人为奴隶制的终结所做出的贡献，这些男性和女性曾冒着极大的风险，锲而不舍地推动美国人直面奴隶制包含的道德问题。但在美国内战之前，废奴主义者是一个被边缘化的、遭人痛恨的小群体。除了在为数不多的几个选区之外，任何抱有从政雄心的人都不可能是废奴主义者。如林肯所处的位置一样，如果你来自伊利诺伊州中部，废奴主义的政治立场绝对不会帮助你赢得选举。

我并不是说，林肯是一个因受限于政治现实而不愿公开立场的废奴主义者。废奴主义者认为，奴隶制的道德问题是美国面临的首要问题，其重要性超过其他任何问题。但这不是林肯的观点。在1855年写给他在肯塔基州的朋友乔希亚·斯皮德（Joshua Speed）的著名信件中，林肯回忆了他们两人于1841年对圣路易斯城的访问。他们在那里曾与奴隶制有直接的短暂接触："那一幕对我来说是一种持续不断的折磨；每当我经由俄亥俄河（自由州与蓄奴州的分界线）的时候我都会看到类似的一幕……你应该……想象到，相当一批北部人民为了保持他们对宪法和联邦的忠诚，要在多大程度上压制自己的感情。"

废奴主义者威廉·劳埃德·加里森因为美国联邦宪法带有保护奴隶制的词句而将其付之一炬，但林肯却将联邦宪法视若神明。他相信，美国带有一种历史使命，要为全世界展示民主和自我统治的政府体制。这当然是他后来在葛底斯堡演讲中阐述的主题。应该指出的是，他并不信仰"天定命运"论——这种思想称美国人拥有上帝赋予的权利，可以以自由的名义获取新的领土，而完全无须考虑事实上居住在这些领土上的居民的愿望。林肯将美国民主视为展示给世界的一种榜样，而不是通过单边力量强加于他人的一种东西。

对奴隶制的憎恨和对宪法的崇敬给林肯造成了一种严重的困境，也给同时代的其他许多人造成了同样的困境。在1854年于伊利诺伊州皮奥尼亚（Peoria）发表的著名演讲中，林肯解释说，奴隶制剥夺了我们的共和国在世界上本应具备的正义影响力——从而鼓励自由制度的敌人们得意洋洋地把我们当作伪君子一样嘲笑——并引起自由的真正朋友对我们的真诚表示怀疑。换言之，奴隶制是美国人完成其历史使命历程中的一个障碍。然而，国家的统一是必须坚持的，即便这意味着要在奴隶制问题上进行妥协让步。除非是整个宪政体制发生崩塌，联邦宪法在奴隶制问题上的各种妥协，包括令人备感难堪的逃奴条款，自然是不能被随意违反的。

另外一个区分林肯与废奴主义者的关键差别在于他们对种族的看法。废奴主义者坚持认为，奴隶们一旦获得自由，他们应该立即被视为美国共和体制中的平等成员。他们将反对奴隶制和反对种族主义的斗争视为是一个密切关联的整体。林肯认为奴隶制和种族主义是两个不同的问题。与他在北部的民主党对手和南部的亲奴隶制鼓吹者不同的是，林肯认为黑人应该拥有所有人都应享有的自然权利。"我认为，"他在1858年写道，"黑人是被包括在《独立宣言》所称的'所有人'这一句话之中的。"奴隶制因此是一种错误（wrong）。然而，他认为不可剥夺的自然权利——生命权、自由权和追求幸福的权利——并不一定自动包括公民身份、政治权利和社会地位的平等。在1858年与斯蒂芬·道格拉斯（Stephen A. Douglas）竞选参议员的辩论中，他始终被指责为在提倡"黑人平等"，对此林肯回应说，他并不"而且从未提倡过将黑人变成选民或陪审团成员，或认为他们拥有担任公职的资格，或提倡他们与白人结婚"。当时，伊利诺伊州实施了一部臭名昭著的《黑人法》，其中禁止黑人进入该州境内，并拒绝给予他们基本的公民权利，但林肯拒绝对这部法律予以谴责。

在整个19世纪50年代和内战的前半段时间内，林肯认为奴隶制的终结应该与"殖民海外"的计划同时进行——鼓励将黑人从美国移居到非洲、加勒比海或中美洲的某一片新领土上去居住。我们有的时候会忘记，在内战之前，将黑人殖民海外的思想曾经非常广泛地为人接受。深为林肯敬仰的政治家亨利·克莱（Henry Clay）和托马斯·杰斐逊还为该设想的实施制定了规划和具体计划。所以，殖民海外绝非是一个无足轻重的运动，而是内战前对如何解决奴隶制和种族问题的一种影响广泛的主流思考。

鼓吹将黑人殖民海外的人希望以此来终结奴隶制在美国的存在，但他们不希望面对奴隶制终结后随之而来的问题，即如何界定获得自由的黑人在一个后奴隶制社会中的位置。为什么获得自由的黑人需要离开美国呢？克莱曾给出一个理由：自由黑人是一个"低贱而堕落的群体"，他们的人口增长会给美国社会带来危险。林肯从来没有讲过这样的话——他从未在口头上羞辱过黑人，而包括一些共和党人在内的其他许多北部的政客都这样干过。杰斐逊的理由有所不同。在给爱德华·科尔（Edward Coles）写的那封著名的讨论奴隶制终结的信件中，他解释说，当奴隶制终结之时，如果两个种族以自由人的身份居住在一起，种族"杂交"的情况便会出现。杰斐逊本人虽然是这种杂交的实践者，但他却惧怕种族杂交带来的许多后果。林肯也从未就此发表过任何意见。相反，林肯注意到白人种族主义的力量十分强大。他曾经几次提到，因为强大的白人种族主义力量的存在，黑人永远无法在美国获得真正的平等，所以他们应该主动移居到一个美国之外的国家，以期在那里能够完整地享有自由和自我管理。

对于林肯公开支持黑人殖民海外计划的态度，许多学者表示不解，或者对此予以忽视，认为林肯在谈到这一设想时并不是认真的，因为这样的态度与他的"伟大解放者"（Great Emancipator）的形象显然是不相称的。我们需要记住，对于克莱、林肯和其他许多人来说，将黑人殖民海外的设想是关于终结奴隶制的一个广泛计划的一部分，是一个特定政治体制中的产物，而这个体制本身对废除奴隶制设置了无法克服的法律和宪政障碍。

用极为简化的方式说，奴隶制可以通过三种方式来终结。第一种是奴隶主将自己的奴隶予以释放，这种做法在美国发生过，但数量有限，不足以威胁到奴隶制的活力。此外，释放（manumission）只是将奴隶从奴隶制中解脱出来，但对允许建立奴隶制的法律并无任何改变。第二种方式是通过法律渠道来解放奴隶。联邦宪法禁止联邦政府对各州的奴隶制进行干涉，这几乎是一个人尽皆知的规定。奴隶制是州法的产物，州法则是可以被改变的，如同美国革命之后发生在北部州的情况一样。在"带有奴隶劳力的社会"（societies with slaves）中——借用艾拉·柏林（Ira Berlin）和在他之前的芬雷（M. I. Finley）的用语——奴隶制是社会和经济体制的一个构成因素，但不是整个社会的基础，所以法律解放是可行的，因为那里的奴隶主缺乏阻止这种行动的政治权力。然而，在"奴隶制经济为主的社会"（slave societies）中，奴隶制是其经济体制的命脉，奴隶主因此更为强大，法律解放需要得到他们的同意。旧南部（Old South）是现代史上奴隶主人数最多、势力最强大的奴隶制社会。长期以来，林肯始终认为，废除奴隶制的目标只有在一种情况下才能得以实现，那就是：需要得到奴隶主的合作，通过一个渐进的并带有对奴隶主进行现金补偿安排的计划，还要附带一套鼓励（或者在克莱和杰斐逊看来，是要求）黑人离开美国的殖民计划，因为奴隶主似乎绝对不会同意看到一个巨大而崭新的自由非裔美国人群体在南部出现。

第三种终结奴隶制的方式就是军事解放（military emancipation）。战争将动摇奴隶制的基础，它也将剥夺奴隶制的宪政保护机制。交战双方都将利用奴隶制作为一个削弱对手力量的军事目标。他们会将黑人作为士兵征召入伍。这种情形在西半球发生过多次，包括在美国革命期间和1812年战争期间，当时有成千上万的奴隶为了获得自由而逃到英国军队的防线之内，并在战后随英军撤离。这些事件尽管释放了许多奴隶，但并未毁灭奴隶制，奴隶制得以保留并在早期共和时代得以扩张。军事解放将在内战中发生。但在19世纪50年代，没有人知道内战将会发生。所以，也没有人能够设想一种在没有奴隶主配合的情况下终结奴隶制的方法。（我想还应该有第四种解放奴隶的方式——奴隶起义的革命，如同发生在海地的情形一样。但这是一种极不寻常的方式，也许除了约翰·布朗之外，没有其他任何人会认为这种事情会在美国发生。）

但林肯的确谈到了一个没有奴隶制的未来。共和党的目标，他宣称，是将奴隶制推上走向"最终灭亡"（这是他从克莱那里借用来的词）的道路。对绝大多数共和党人来说，这意味着阻止奴隶制的扩张，并将它围困在"自由的封锁线"之中，等待它的衰竭和最终死亡。这一计划并不保证能够成功，而即便成功，奴隶制在美国的最终灭亡也将花费漫长的时间。林肯曾经说过，奴隶制也许会继续存在另外一个百年之久。但对于南部来说，林肯看上去如同一个废奴主义者一样危险，因为他决心最终要终结奴隶制在美国的生存。所以，不是威廉·劳埃德·加里森或温德尔·菲利普斯的当选，而是林肯的当选——作为一个主流的共和党政治家——为南部退出联邦的行动和内战的到来提供了催化剂。南部人在退出联邦的州代表大会上清楚地宣布，他们害怕林肯政府将对奴隶制的未来构成一种威胁。

在内战期间，对于奴隶制，林肯当然不能只是说说而已。他必须采取行动。如果他真的变成了"伟大解放者"，那他是如何完成这一转变的呢？

内战当然并不是从一开始就是一场废除奴隶制的战争。然而几乎从战争一打响，废奴主义者和激进共和党人就开始施加压力，要求将反对奴隶制的行动作为一项战争措施来使用。面临这种压力，林肯开始推进他自己的思想。我不希望在此一一详述发生在1861—1862年间的复杂事件。总的来说，林肯先是提出采取渐进的、自愿解放奴隶并辅之以殖民海外计划的方式——这个计划将把奴隶主当成废奴进程的一个合作者。有人批评林肯延缓了走向奴隶解放的进程。我认为这种批评是站不住脚的。1861年8月，他主动签署了第一部《敌产没收法》(First Confiscation Act)，该法解放了那些被南部邦联政府雇佣来作为军事劳力的奴隶。1861年11月，也就是战事开始之后几个月内，当时还没有任何有影响力的战斗打响，他就会见特拉华州的政治领袖们，并提出了自己的奴隶解放计划。特拉华是留在联邦的4个边界蓄奴州之一（其他边界蓄奴州是马里兰州、肯塔基州和密苏里州）。1860年，该州仅拥有1800名奴隶。林肯说，特拉华有机会在推动奴隶制走向灭亡的过程中扮演一个领袖的角色，并为此将在美国历史上享有无上荣光。但解放奴隶的方式应该是渐进的和带有经济补偿计划的，联邦政府也将鼓励获得自由的奴隶移居美国之外。然而特拉华州对林肯的提议并不感兴趣。奴隶主们不愿意释放他们的奴隶。（具有讽刺意义的是，特拉华州，连同肯塔基州一起，是最后废除奴隶制的州。内战结束8个月后生效的第十三条宪法修正案终结了该州的奴隶制。）林肯并不因此而感到气馁，在1862年春夏，他继续向边界州或任何感兴趣的邦联分子推销他的废奴计划，但均遭冷遇。

林肯的计划在另外一端——黑人社区中——也遭到了抵制。1862年8月，他与来自华盛顿哥伦比亚特区的黑人领袖举行了一次有名的会议。以总统身份会见不是扮演奴隶或仆人角色的黑人，林肯是美国历史上的第二位。第一次这样的见面发生在半个世纪之前，当时的总统麦迪逊曾会见黑人船长保罗·卡菲（Paul Cuffe），后者希望推进移民非洲的活动。林肯的目的与麦迪逊相同。在见面会上，他对奴隶制进行了严厉的斥责——他说，黑人正在承受着"全人类所遭受的最大的不公正待遇"，但他不愿对种族主义做同样的斥责，也不愿意将自己与种族主义联系起来："不管它是对的还是错的，我无需在此讨论"。种族主义是难以化解和消除的。"即便你们不再是奴隶了，但你们还远远不能被置于一个与白人种族平等的位置上……所以，对于我们两者来说，更好的办法是分开。"但绝大部分黑人美国人拒绝考虑离开他们出生的土地移居海外。他们坚持认为，自己有权留在美国，并表示为在美国争取平等的权利而继续斗争。

1862年中期，在奴隶解放的问题上，国会走在了林肯的前面，但林肯同意和签署了国会通过的全部相关法案，包括废除联邦管辖的领土上的奴隶制，废除哥伦比亚特区的奴隶制（前提是给每个奴隶主支付300美元的补偿金），以及1862年7月的第二部《敌产没收法》（该法将两类奴隶予以解放，一类是为联邦军队占领地区的亲邦联奴隶主所拥有的奴隶，第二类是为亲邦联奴隶主所拥有，但已经逃跑到联邦军事线以内的奴隶）。与此同时，林肯开始推进他自己的解放奴隶计划。一连串的事件有力地推动他采取了行动。

内战最开始是以传统的战争方式进行的，没有触及南部社会的基础。军事上的胶着状态引发了北部社会要求把奴隶制作为一个军事打击目标的呼吁，先是在废奴主义者群体中，而后是在一个更大范围之内。一场两支军队之间的战争必须转化成为一场两个社会之间的战争。

许多北部人担心英国会给予南部邦联以外交承认，甚至为了南部而介入美国内战。将奴隶解放与保存联邦联系在一起，作为战争的目标，可以阻止英国的介入。

奴隶制本身也开始出现崩溃瓦解的迹象。从一开始，奴隶们便将内战视为朝着一个长期等待的自由曙光移动的机会。成千上万的奴隶逃入联邦军事线之内。奴隶们意识到，内战改变了南部的权力平衡。他们的行动迫使林肯政府开始考虑如何处置奴隶制的政策。

积极踊跃地加入联邦军队的热情迅速地消退了。到1863年，国会将颁布一部《强制征兵法》。在战争初期，联邦军队拒绝接受黑人志愿者。但继续无视黑人的人力资源已经不再可能了。

所有这些压力都推动着林肯开始走向全面解放奴隶（general emancipation）的方向。他先是于1862年7月22日向内阁提出这一设想。林肯出示的命令草稿包括了三句话。第二句话重申了他对带有补偿的、渐进的奴隶解放计划的支持。在第三句话里，他启用了宪法中关于总统作为美国武装力量总司令所拥有的权威，宣布：至1863年1月1日，凡居住在仍然为南部邦联控制的"各州内的所有被当成奴隶的人"……"将从此，并将永远获得自由"。最后一句话不带任何修辞语，读上去几乎像是一句附加语，但它构成了《解放奴隶宣言》的最初版本。内阁成员们对此毫无准备，似乎都被林肯的举动惊呆了。尽管所有成员都认为林肯的决定具有重大的意义，但并不是所有人都同意这一决定。国务卿威廉·西华德（William H. Seward）警告说，宣言可能被人视为是联邦政府的一种孤注一掷的举动——他劝林肯等到联邦军队赢得一场战场胜利之后再颁布宣言。林肯同意将宣言暂时搁置。

两个月之后，即 1862 年 9 月，在乔治·麦卡莱伦（George McClellan）将军在安迪塔姆战役中将罗伯特·李将军指挥的邦联军队逼退之后，林肯发布了《解放奴隶预告宣言》——基本上是对南部发出的一个警告，要求其放下武器，不然将在 100 天之后面临联邦政府解放奴隶的现实。在此期间，林肯继续追求他的黑人殖民海外计划（这一计划在《解放奴隶预告宣言》中被具体地提及），并发表了他写给霍拉斯·格雷利的公开信，坚持说他对奴隶制采取的一切行动都是出于拯救联邦的动机，与此同时，他也看到共和党在当年的国会中期选举中不断失利。当国会在 1862 年 12 月 1 日重新开会时，林肯的《年度咨文》没有提及即将生效的《解放奴隶宣言》，而是用一大段文字来捍卫他提出的渐进的、带有补偿性质的废奴政策和黑人殖民海外计划。他要求制定宪法修正案，授权国会在 1900 年之前为释放奴隶的各州提供资金。这是他最后一次对边界州和南部各州提供军事解放之外的奴隶解放模式。

在《年度咨文》的最后，林肯写下了一句令人备受鼓舞的结语："寂静无声的过去留下的教条，已经无力应对当前的疾风暴雨……既然我们面临新的情况，我们必须具备新的思考，并采取新的行动。我们必须首先解放我们自己，然后我们必须拯救我们的国家。"一家杂志写道，这些具有穿透性影响力的文字，应该"永载历史的记忆之中，并为人们经常铭记"。但这些文字所指的并不是即将颁布的《解放奴隶宣言》，而是林肯推动了 37 年之久的带有经济补偿的渐进废奴计划。这一段话揭示了林肯正在经历一个关键的思想转型时刻。他用了一年的时间继续推动那个他一直在推动的方案，结果是毫无斩获。然而，1863 年 1 月 1 日，林肯终于放弃了旧日的教条，采取果断的行动，将美国从奴隶制体制下解放出来。

《解放奴隶宣言》可能是美国历史上被误读得最深的一份重要的历史文献。显然，林肯大笔一挥解放了 400 万奴隶的说法并不是真实的。宣言并没有改变 4 个边界州内的奴隶们的命运。因为这些州继续留在联邦内，它们依然享有联邦宪法给予奴隶制的保护。宣言也将南部邦联的某些区域排除在外，即那些已经在联邦军队控制之中的地区，包括弗吉尼亚州和路易斯安那州的部分地区，以及田纳西州的全部（这是应该州的军事州长安德鲁·约翰逊的要求而安排的——但如果说整个田纳西州都已经掌握在联邦军队手中，则是夸大其词）。所有这些加在一起，在将近 400 万奴隶中大约有 80 万人被排除在宣言的覆盖范围之外。尽管如此，有 310 万奴隶为解放宣言所覆盖。这是世界上最大规模的一次整体性解放奴隶的行动。从来没有过这么多的奴隶在一天之内被宣布获得自由。宣言在颁布之时,并没有终结奴隶制,但为奴隶制最终在美国灭亡的命运敲响了丧钟——假定联邦军队将要赢得战争(如果是南部邦联获胜,奴隶制毫无疑问将继续延续很长一段时间)。人人都意识到,如果奴隶制在南卡罗来纳州、阿拉巴马州、密西西比州等地被废除,它很难在田纳西州、肯塔基州和路易斯安那州的为数不多的几个地区内继续存活下去。

《解放奴隶宣言》是一道军事命令,它的宪法正当性的基础是总统拥有的"战争权"(war power),人们在阅读时时常会对其感到有些失望。与《独立宣言》不同的是,《解放奴隶宣言》没有包含那些令人激昂振奋的语句,也没有一个将为万世传颂的、宣示人类权利的前言。它用一种枯燥无味的法律语言写成,其中大部分的内容是对 1862 年 9 月颁布的《解放奴隶预告宣言》内容的引用。唯有在最后一刻,而且是在身为废奴主义者的财政部长赛门·蔡斯(Salmon P. Chase)的敦促下,林肯才在宣言的结尾加上了一段话,宣称宣言不仅是一种因为"军事需要"而采用的权力的行使,而且是一个"正义的行动"(an act of justice)。

无论如何,宣言成为内战的转折点,也成为林肯对自己的历史角色认知的一个转折点。如果我们说的"伟大解放者"是指某人一生中都在等待废除奴隶制的机会的话,那么林肯绝不是这样的人。如果"伟大解放者"指的是他仅凭大笔一挥就立即解放了

400万奴隶的话,他也不是这样的人。更好的说法应该是,林肯最终变成了"伟大解放者"——他接受了历史抛给他的机会,而且从此力图实现历史对他的期待。林肯知道,历史将因为这个行动而铭记他。《解放奴隶预告宣言》曾经包含了第二部《敌产没收法》的大段内容,给人留下一种印象,似乎他只是在按照国会的权威而采取行动。而《解放奴隶宣言》全文没有提及任何国会的立法。林肯以总司令的名义行使他拥有的全部权威来颁布解放奴隶的命令,同时也接受了由此产生的全部责任。

林肯曾经说过,"我们必须首先解放我们自己,然后我们必须拯救我们的国家"。他将自己包括在"我们"之中。《解放奴隶宣言》与林肯在以前发表的各种与奴隶制相关的声明和政策都有显著的不同。它抛弃了在解放奴隶的进程中寻求奴隶主的合作的思想,也不再对忠诚于联邦和背叛联邦的奴隶主进行区分。它要求立即解放奴隶,而不是采用渐进的方式,不再提及给予奴隶主以必要的经济补偿,也不再提及将获得解放的奴隶移居海外的计划。它第一次授权联邦军队征召黑人士兵。宣言启动了一个历史进程,通过这一进程,20万黑人将在战争的最后两年里加入联邦陆军和海军之中,在联邦争取胜利的斗争中扮演关键的角色。

在随后的两年内,林肯有时会提及他早期的一些想法,如渐进解放和补偿性的解放等。但自1863年1月1日起,他从未在公共场合提及将黑人殖民海外的计划。尽管他的政府继续为那些自愿移民返回非洲的黑人提供帮助，但移居海外不再是废奴整体计划的组成部分了。因为奴隶解放不再需要奴隶主的同意，移居海外的计划也将不再有任何相关意义。除此之外，将黑人征召入伍的决定包含一种完全不同的对他们未来在美国社会中的位置的想象。你不能指望在要求人们为了联邦的生存而拿起武器和牺牲生命之后，再把他们和他们的家人移送到海外。

研究林肯带给人的愉悦之一就是悉心阅读和品尝他的写作。他是一个完全自学成才的人，林肯只接受过一年的正规教育。然而，他却是一个悟性极高、自觉性极强的作者，对于英语语言具有一种极为出色的运用能力。即便是众人熟知的《解放奴隶宣言》，如果仔细阅读，也会带给人们意想不到的惊奇。《预告宣言》曾遭人诟病，因为它读上去似乎在鼓励奴隶使用暴力。当林肯在1862年7月将解放奴隶的命令向内阁出示的时候，即便是蔡斯也感到有些恐惧，他担心这一命令可能会导致"掠夺和屠杀"的发生。在宣言的定稿中，林肯命令前奴隶们不要随意使用暴力，但他加上了"除非是为了必要的自卫"一句话。有人称奴隶解放将导致一场血流成河的种族冲突，但林肯并没有为这些广泛流传的指控所吓倒。林肯并不需要说，为了捍卫他们的自由，黑人有使用暴力的权利，但他却这样说了。与此同时，他敦促获得自由的奴隶为挣取"合理的工资"而在美国寻找工作的机会，事实上以不言而喻的方式否定了他早先推动的将获得解放的黑人移居海外的主张。不仅仅是工资,而必须是合理的工资。林肯希望明确无误地宣布,前奴隶们拥有与自由劳动者一样的在市场上竞争的权利,并拥有对所提供的工资水平进行自我判断的权利。换言之,在解放宣言中,林肯将非裔美国人看成是有自决意志的男人和女人,并与他们直接对话,而不是将他们看成共和国敌人所拥有的财产,他需要赢得这些人对联邦的忠诚。

总体而言,《解放奴隶宣言》从根本上改变了内战的性质。它将消灭奴隶制变成了联邦军队的一个目的。它不带补偿地将当时美国的最大一笔私有财产化为乌有。它将自由的理想与一个民族国家之间的认同关系清楚地建立起来,而民族国家的权力将随着战争的进展而得到极大的扩大。卡尔·马克思当时正在伦敦就美国内战为报纸撰写专栏文章,他观察到,"到目前为止,我们还只是见证了美国内战的第一幕——战争的宪政阶段。第二幕——战争的革命阶段,即将上演"。

林肯最终走到做出解放奴隶这一决定的历史时刻,他的速度要比废奴主义者所期望的慢许多。但他一旦做出决定,就再也没有退却过。1864年,当战争伤亡人数增加,北部要求以妥协换取和平的言论甚嚣尘上。有些人敦促林肯收回解放宣言,他们认为这样做会说服南部回归联邦。有些共和党人领袖坚持认为,这样做至少可以化解一部分反对林肯连选连任总统的力量,挽救处于危险之中的连任活动。林肯拒绝予以考虑。如果这样做了,他告诉一位来访者说,"我将迟早成为历史上万世不耻的罪人"。

林肯深知,解放宣言的效力取决于联邦的胜利,宣言并没有适用于所有的奴隶,宣言的合宪性必将在未来受到挑战。在战争的最后两年里,他竭尽全力,以保证废奴事业得到完全彻底的实现,他向边界州施加压力,要求它们以自身的力量来废除奴隶制(马里兰和密苏里正是这样做的),要求希望恢复拥有其他财产的南部人承诺对废奴事业的支持。

在签署解放宣言之后,林肯加倍努力,致力于在被占领的南部地区创建支持联邦的州政府,这样的努力一部分是出于战事的需要,因为将南部各州从南部邦联的体制中分离出来,可以为联邦的事业提供强大的支持力量,也可以通过各州的行动来废除那些支撑奴隶制得以合法存在的州法。他于1863年12月颁布了《大赦和重建宣言》,要求各州以废除奴隶制作为重返联邦的前提条件之一。尽管解放宣言赋予了大部分奴隶以自由,林肯仍然对他创造的亲联邦的州政府提供各种废奴行动的奖励措施。换言之,解放奴隶与废除奴隶制并不完全相同。《解放奴隶宣言》解放了奴隶,但维系奴隶制的法律却依然存在。

林肯也开始支持制定一条废除奴隶制的宪法修正案,尽管这一想法并不是他最先提出的。在1863年12月第38届国会开幕之后,废除奴隶制的宪法修正案法案便开始被传阅。弗朗西斯·利波尔(Francis Lieber)当时是哥伦比亚大学的一名教授,也是美国最优秀的政治学家之一，他起草了一套至少包含 7 条宪法修正案的文件。利波尔具有强烈的民族主义情结，他的前 4 条修正案的重心放在全国政府的建设和对叛国罪的惩罚上。直到在他提出的第十七条宪法修正案里，利波尔才最终写道，"奴隶制将被永远地废除"。第十八条修正案建立了出生地公民资格、所有人不分种族在法律面前享有平等的原则。

国会开幕之前，废奴主义者已经先行发起了一场志在争取制定一条废除奴隶制的宪法修正案的"新道德鼓动"活动（fresh moral agitation）。活动的参与者包括妇女全国忠诚联盟（Women's National Loyal League），后者是由苏珊・B. 安东尼（Susan B. Anthony）和伊丽莎白・凯迪・斯坦顿（Elizabeth Cady Stanton）领导的。1864 年 2 月，两名黑人将一份带有 10 万人签名的"巨无霸"请愿信抬进参议院内，放在废奴主义者参议员查尔斯・萨姆纳的书桌上。萨姆纳以此为据，按照 1791 年法国《人权和公民权宣言》的模板，提出了一条宪法修正案："所有人在法律面前一律平等，无人可以将另外一个人占有为奴。" 来自密歇根州的雅各布・霍华德（Jacob Howard）劝萨姆纳"不要使用任何与法国宪法或法典相关的用语，还是采用……熟悉、合用的盎格鲁 – 萨克逊语言为好"。最终的定稿以 1787 年《西北土地法令》为模板，由参议院的司法委员会敲定，该委员会由莱门・特朗布尔担任主席："在合众国境内受合众国管辖的任何地方，奴隶制和强制劳役都不得存在,但作为对于依法判罪的人的犯罪惩处除外。"共和党人很快在第十三条宪法修正案的旗帜下团结起来。1864年4月8日,参议院以33比1的票数批准了这一宪法修正案。但在众议院于6月举行的一场完全以政党意志为界限的表决中,共和党人只能动员起93票的支持,距离批准需要的三分之二多数少13票。

在成功获得连选连任之后,林肯宣布"人民的声音"已经发出,他要求众议院再次就第十三条宪法修正案投票。1865年1月31日,众议院以119票比56票的结果批准了宪法修正案,结果只比需要的三分之二多数超出一点。每个共和党议员都投了赞成票,还有16名民主党议员也投了赞成票。除了两人之外,所有其他投赞成票的民主党人都是"跛脚"众议员,即他们或是未能连任成功,或是选择不再参加1864年的竞选,或是即将离任,所以他们愿意投下在自己选区并不受欢迎的赞成票。边界州总共有19名议员投了赞成票,8人投了反对票。因此,长期困扰南部腹地的噩梦最终成真:蓄奴州的北部地带最终选择与北部站在一起,将奴隶制予以埋葬。

通过推动废除奴隶制,并将废奴与将获得解放的奴隶移居海外的计划脱钩,林肯事实上开启了后来名为"重建"的历史进程——重新建构南部社会、南部政治和南部的种族关系。林肯未能活着看到重建的实施和最终的被抛弃。但在战争的最后两年里，他逐步认识到，如果废奴行动解决了一个问题，即废除奴隶制，它也引发了另外一个问题——获得解放的奴隶将在内战后的美国生活中扮演什么样的角色？

1863—1864年，林肯第一次开始严肃地思考黑人在奴隶制后的美国扮演的角色的问题。林肯临终之前发表的两篇讲话展示了他在这个问题上的思想演进。其中一篇是他的"最后演讲"，是1865年4月在白宫发表的，距离他的遇刺仅有几天的时间。林肯当然不知道这将是他的最后一次演讲——这次演讲自然也不应该被视为是林肯关于重建政策的最终思考。在这篇演讲中，他谈到了重建，路易斯安那州当时已经开始了这一进程。一部新的州宪法获得制定与批准，州宪法废除了奴隶制，但将选举权的享有限制在白人公民的范围之内。该州的自由黑人群体对他们被排斥在选票站之外表示了强烈的不满，北部的激进共和党人对他们的要求表示积极的支持。然而，此刻大多数的北部州并不准允本州的黑人投票，大多数共和党人也认为支持黑人投票权无异于一种政治自杀行为。在这次演讲中，林肯宣称他"更希望"（prefer）看到有限的黑人投票权得到实施。他不仅指出那些"非常聪明的"黑人——自由黑人——而且也包括那些"为了我们的事业而充当战士"的黑人，是最值得拥有投票权的人。此外，他注意到，黑人希望拥有投票权——这意味着他们的意见现在将成为平衡政治较量的一种力量。林肯的演讲清楚地表明了他对种族政治平等这一概念的接受，这是第一位美国总统对黑人拥有某种形式的政治权利表示公开的支持。林肯告诉全国人民，黑人士兵因《解放奴隶宣言》而加入联邦军队，他们的军事贡献已经为他们争得了在重新统一的国家中从政治上发声的权利。

此外，还有林肯于1865年3月4日所做的第二次总统就职演说，这当属美国历史上最伟大的演说之一。今天，这一演说的结语为人们所铭记："对任何人都不怀恶意，对所有人都充满善心……让我们携起手来，缝合战争留给祖国的伤口。"但在这个令人深感高山仰止的结语之前，林肯曾企图告知他的同胞们战争的历史意义和尚未完成的任务究竟是什么。

对于林肯来说，在即将赢得胜利之际，他可以很方便地将战争的结果视为是上帝的意志，并将战争的罪恶归咎于南部邦联。但林肯说，他甚至不愿意谈论战场上的进展，而希望面对美国内战包含的深刻的意义。他说，人人都知道奴隶制"多少是"（somehow）引发内战的真正原因。他改正了自己在1862年会见来自哥伦比亚特区的黑人领袖时说过的话，内战的爆发，不是因为黑人的存在，而是因为奴隶制作为一个体制在美国的存在。但此刻林肯把奴隶制称为是"美国的奴隶制"（American slavery），而不是（美国）南部的奴隶制，由此来强调包括南北在内的整个国家在奴隶制问题上的同盟共罪。他继续说到，没有人真正知道上帝的意志是什么。人们期盼内战早日结束，但上帝也许希望这场战争继续进行下去，以惩罚美国因为奴隶制而犯下的滔天罪恶，"直到所有的由奴隶们在 250 年来从未得到回报的辛勤劳作所积累的所有财富被彻底埋葬，直到鞭笞下流出的每一滴血为刀剑下流出的每一滴血全部偿还干净之后"。在演说中，林肯再次重申了他对奴隶制是一种盗窃行为的定义，同时十分罕见地公开讨论了奴隶制所带有的强加于奴隶身体之上的内在残酷性（林肯对奴隶制的讨论，通常只停留在一种抽象概念或一种原则，而不是将它作为一种日常生活中存在的残酷现实）。林肯提醒他的听众说，在内战的"可怕的"暴力到来之前，由奴隶制带来的可怕暴力早已在美国和前北美殖民地存在了 250 年之久。美国的暴力并不是从 1861 年 4 月桑姆特堡的炮击开始的。

从根本上，林肯在要求整个国家直面奴隶制的漫长历史留下的遗产。在这个现实面前，实现正义所需要的必要条件是什么？对于那些 250 年来从未获得经济支付的劳动者，美国作为一个国家应该承担什么样的责任？林肯始终强调，前奴隶、他们的子女和他们的后代拥有"追求幸福"的自然权利，但美国需要做什么才能赋予他们得享这种权利的能力呢？几个星期之后，林肯撒手人寰。他没有提供答案。在他的《解放奴隶宣言》颁布 150 多年之后，这些问题仍然在困扰着美国社会。

重建及其对美国历史的长期影响

今天我要讲的题目是重建，这通常是指美国内战之后从 1865 年到 1877 年的这一段时间。(事实上，重建的过程始于内战之中，在我写作的关于重建历史的专著中，我是以 1863 年作为重建的起点，因为这是《解放奴隶宣言》生效的时间；这份文件本身意味着，如果联邦赢得战争，奴隶制将被废除，整个美国社会也将随之而被重组。)然而，重建也可能被理解为一个没有清楚界定终点的历史进程——在这个历史进程中，美国人力图就内战的结果达成共识，尤其是其中的两个最重要的结果：民族国家的幸存和奴隶制的灭亡。或许人们还可以说，今天美国人仍然在就奴隶制废除之后的结果究竟是什么的问题进行讨论。在这个意义上，重建从来没有结束过。

我学术生涯的相当一部分时间花在研究重建的历史上。我就重建时期的研究写作了好几本著作，在 20 世纪 90 年代策划和主持了一个相关的历史展览，还为公共电视台（PBS）制作和播放的一个关于重建历史的纪录片担任过学术顾问。但我们必须承认，大部分的美国听众和读者对重建的历史知之甚少。在 20 世纪 90

年代，联邦教育部做过一个定期调查，检测美国人对本国历史的了解程度。调查项目要求 16000 名美国应届高中毕业生就美国历史中的不同事件谈谈他们的看法，如西进运动、第一颗原子弹的投放等。大约有 80% 的学生都可以讨论西进运动，但在这个历史知识调查中垫底的历史事件是重建，只有 20% 的美国应届高中毕业生能够就重建历史说出一二。我当时刚刚出版了一部长达 600 页的关于重建历史的研究著作，所以我对这个结果深感气馁。然而，事实却是——尽管我们没有意识到这一点——重建是我们今天生活的一部分，或者换一种方式说，美国社会今天面对的问题在某种意义上是重建时期的问题。也就是说，如果你对一个半世纪前的那个历史时期一无所知的话，你至少无法懂得这些问题。

在此我想提及一个并不太为人熟知的美国历史的事实。全世界都知道巴拉克·奥巴马是美国的第一位非裔美国人总统。他是 45 名美国总统中的一位。但在我们的历史上有多少黑人曾经当选过国会参议员？回答是 10 人，其中的 3 人——来自南卡罗来纳州的蒂姆·斯科特（Tim Scott）、来自新泽西州的科里·布克尔（Cory Booker）和来自加利福尼亚州的卡玛拉·哈里斯（Kamala Harris）——是现任的参议员。在美国历史上总共有 2000 名参议员，而黑人参议员只在其中占有 10 人——相当于每 45 个美国参议员中只有一人是黑人，这是一个很糟糕的比例。这说明黑人在赢得高级民选官员位置的时候所面临的巨大障碍。但在 10 名黑人参议员中，有两名曾在重建时期担任参议员，他们是海勒姆·雷维尔斯（Hiram Revels）和布兰奇·布鲁斯（Blanche K. Bruce），两人都是在内战后从密西西比州当选的。这说明，就政治民主和非裔美国人的权利而言，重建是美国历史上的一个极为特殊的时期。

正如我前面提到的，即便我们对重建知之不多，但它是我们今天生活的一部分。今天排列在我们政治议程上的许多问题正是重建时期的问题。谁有资格成为美国公民？这个问题仍然鲜活地存在于当今美国政治中。选举权的问题，今天在许多州内仍然是一个富有争议的问题——这些都是重建的问题。美国联邦体制中联邦政府与州的关系曾在重建时期经历了巨大的调整。如同今天一样，恐怖主义也曾经是重建时期的一个现象。当时也有本土生长的恐怖主义组织、三K党和其他相似的团体，如白种人联盟（White League）和白茶花骑士团（Knights of the White Camelia），它们在重建时期曾十分盛行和猖獗。这些白人至上主义团体在重建时期比奥萨马·本·拉登（Osama Bin Laden）在2001年杀害了更多的美国人，想到这个事实，不能不令人感到悲哀。肯定性行动——国家有责任帮助那些曾在历史上遭受不正义待遇的受害者的政策——也是一个源自重建的问题，也仍然停留在我们当今的议程之中。与此同时，政治民主与经济民主的关系问题已经属于老生常谈的问题，在重建时期也曾引发激烈的辩论。

伊丽莎白·凯迪·斯坦顿是19世纪女权斗争的领袖人物，她在19世纪80年代写作的自传中提到：重建政治"关乎对我们政府原则的重新思考，对人的自然权利的重新思考。整个民族的心都随着这些问题在国会、州议会、教会和大众报刊的持续辩论而振奋不已"。我的观点是，如果你对重建一无所知，你不可能懂得美国历史和今天的美国社会。

在我开始讲述重建的历史之前，我还想提出一个观点。重建也是我们有时称之为"史学政治"（politics of history）的一个重要典范。我这里指的不是历史学家本人是一位共和党人或民主党人，而是说不同时代的史学解释既反映了现实政治的影响，又同时在影响现实政治，即影响历史学家写作的时代的政治。

在20世纪的许多年内，被我们称为传统学派或"唐宁学派"（Dunning School，以哥伦比亚大学历史学教授威廉·唐宁 [William A. Dunning] 的名字命名的学派）的重建观主导了重建史领域的学术创作、相关历史教材的编纂，以及公众对重建历史的看法。简单地总结而言，传统学派的观点认为，重建是美国民主历程中的谷底。根据这一观点，林肯总统在内战结束的时候，希望以迅速、仁慈和宽容的方式将战败的南部重新接纳进入联邦。在他遇刺之后，他的这一政策为他的继任者安德鲁·约翰逊（Andrew Johnson）所继承，但约翰逊的努力被国会中的一帮激进共和党人所扮演的搅局者破坏了。激进共和党人的动机非常复杂，有的历史学家认为他们的行为出于对南部的仇恨，有的认为他们希望将北部资本主义强加于南部头上，还有历史学家认为他们希望保持共和党对权力的掌握，到底谁是对的，取决于你对不同历史学家结论的选择。

激进派将约翰逊的仁慈性计划抛在一边，将黑人选举权——黑人男性拥有的投票权——强行赋予几乎所有居住在战败南部的前奴隶们。唐宁学派的学者称，黑人因天生本质的原因并不具备参与政治民主的能力，其结果是，随黑人选举权而来的是一场腐败和恶政的狂欢，政府掌握在非裔美国人手中，辅助他们的是来自北部的"皮囊携带者"（carpetbaggers，即那些在内战之后到南部去掠夺公职好处的北部人）和南部的"无赖汉"（scalawags，即在南部恶政期间背叛白人种族，帮助黑人政府的南部本土白人）。最终，类似三K党这样的爱国分子团体推翻了激进重建创造的南部州政府，恢复了所谓的"内部自治"（home rule），或我们今天所称的白人至上主义的统治。这种解释不仅主导了关于重建的历史研究，而且通过类似于《一个民族的诞生》(*The Birth of a Nation*)这样的电影广泛地传播给大众。这部电影为三K党大唱赞歌，并在伍德罗·威尔逊总统任职的白宫举行了首映式。20世纪20年代的畅销书、克劳德·鲍尔斯（Claude Bowers）所写作的《悲惨时代》(*The Tragic Era*)也对普及这种历史解释起了重要作用。

让我们回到史学政治上来。传统学派的解释拥有一种令人惊奇的漫长生命力。我们历史学家是靠不断修正前人的论述而谋生的。一种观点能够维持作为标准化解释长达五六十年，实在是前所未见的。我们如何解释这种旧的重建观为何会有如此长久的生命力？原因在于这种观点与美国的种族歧视制度极为和谐地相互融合为一体，从1900年一直延续到20世纪60年代的民权运动时期。

旧重建观所提供的历史教训是一目了然的。首先，重建时期将选举权赋予黑人是一个错误；所以南部白人有权剥夺黑人的选举权，正如他们在19世纪末20世纪初所做的那样。任何期望将非裔美国人重新带入美国民主中的企图将导致另外一波恶政的发生。其次，重建是北部的外来者强加于南部头上的。有的北部人也许是出于人道主义关怀的动机，但重建的历史证明了北部人并不懂得南部内部的种族关系——只有南部的白人才懂。所以，为了避免重复重建时期的恐怖政治，南部应该抵制一切来自外部的、要求改变种族权力结构现状的呼吁。旧重建观带来的第三种教训是，重建是由共和党制造的，所以南部必须始终保持坚固的对民主党的忠诚。最后一个教训在今天看来早已时过境迁了。今天的南部是坚实的共和党支持者的基地，但直到20世纪70年代，南部一直是民主党的大本营，"坚固的南部"（solid South）的精神支柱之一便是唐宁学派的重建史观。的确，我先前提到的克劳德·鲍尔斯是一家民主党报纸的主编，他之所以在1929年出版《悲惨时代》，是因为在这之前的一年，民主党提名罗马天主教徒艾尔·史密斯（Al Smith）为总统候选人，为此有几个南部州把票投给了共和党候选人赫伯特·胡佛（Herbert Hoover）。他对重建时期政治的恐怖描述是为了发送一种警告，如果南部人转向支持共和党，曾经发生的可怕事情将会再度发生。

当20世纪民权运动发生的时候，旧重建史观轰然倒地，重建的历史获得了一种崭新的再解读。今天，大部分历史学家将重建视为一种虽然最终失败但仍然具有高尚精神的努力，因为它第一次在美国历史上建立起了跨种族的民主。如果重建是一种悲剧性的经历，我们现在认为，不是因为它力图解决美国社会中的种族正义的问题，而是因为它未能解决这一难题，并把这一难题留给了后来的数代美国人。

为了懂得重建在何种意义上是激进的，以及即便在后来失败了的激进重建如何极为关键地左右了美国历史的进程，我们必须记住非裔美国人在内战打响时所处的地位。1860年，美国境内居住着400万名奴隶。奴隶制是当时美国最重要的经济体制。内战前的大部分时间内，联邦政府掌握在奴隶主势力的手中。奴隶制的力量左右着美国民族性（American nationality）的界定和内战前美国公民资格的界定，并为两者染上了一层鲜明的种族主义色彩。在内战前夕，黑人是不能成为美国联邦公民的，只有白人才能获得美国联邦公民资格。这是最高法院在1857年著名的斯科特案中做出的判决。该判决说，即便黑人出生在美国，或他们已经在美国居住了数代人之久,他们始终是外国人。联邦中的某一州如果愿意,可以将黑人吸纳为本州的公民,但联邦政府和其他州则并不必须认同黑人的公民地位发生了变化。有些学者称,美国代表了一种"公民民族主义"(civic nationalism)的概念,所以,任何人无论种族背景或原国籍背景,都可以变成美国人。这种概念和实践通常与德国的实践形成鲜明的对比,因为德国奉行的是族裔民族主义(ethnic nationalism),即那里的公民资格的基础是语言、文化、祖先,以及某种特定民族中的一员的身份。然而,在内战之前,美国人的民族概念与民族认同都深深地受到奴隶制建立的种族界限的影响。

我之所以强调这一切,是想提醒大家注意,内战和重建给美国对自身的界定——本尼迪克特·安德森所称的"想象的共同体"——带来了多么巨大的变化。在内战前,唯一的真正提倡公民民族主义思想的人是黑人和白人废奴主义者。那些反对奴隶制的人同时也反对被种族主义概念所毒化的美国公民资格的概念。这是美国内战和重建最终所产生的结果之一。

将黑人公民资格的问题提上联邦议事日程的最重要的动力当然是奴隶制的灭亡,但20万黑人在内战中加入联邦军队的事实却是最为现实的原因。通过战时的应征与参战,非裔美国人因此拥有了获得美国公民身份的资格,在内战结束的时候人们对此普遍接受。亚伯拉罕·林肯非常反对奴隶制,而在内战前从未表态支持黑人应该获得政治权利，而在内战结束之时，他开始提出一部分非裔美国人应该获得投票权。那些被他特别指出的黑人包括他称为"非常聪明的"（即受过教育的自由黑人）和"那些曾勇敢地加入我们阵营的人"，换言之，即黑人士兵。

但林肯在获得领导重建的机会之前就遇刺身亡了。他的继任者安德鲁·约翰逊被奉为一个为捍卫宪法而勇敢抗击激进派共和党人的英雄。今天，约翰逊被普遍认为可能是美国历史上最糟糕的总统。当然，可能还有其他人也被冠上这一称号，但他肯定是最容易获得这一称号的人。约翰逊缺乏林肯所拥有的成为伟大总统的素质。他是一个种族主义者，缺乏能力，对公众舆论毫无意识，对前奴隶完全没有同情之心。他是来自田纳西的亲联邦民主党人（Unionist Democrat），在1864年总统大选中，林肯选他作为自己的竞选伙伴，主要是为了吸引那些与他背景相似的南部白人选民。约翰逊为人处世十分僵硬，完全无法与国会进行政治斡旋。他认为内战后获得解放的黑人与政治无关，应该全部回到种植园上去工作。他在战后南部建立了新的州政府，这些政府完全由南部白人控制，黑人在其中没有扮演任何角色。新的南部州政府制定了一系列被称为"黑人法典"的法律，对非裔美国人享有的自由进行严格的限制。黑人法典企图使用州政府的权力来胁迫获得解放的奴隶重新回到种植园去为白人雇主工作，而那里的工作条件即便不完全是奴隶制，也相差无几。

这些法律也给了黑人某些权利，如给予他们的婚姻以法律承认（这在奴隶制下是存在的），允许他们享有拥有财产的权利，但否认他们拥有公民和政治权利。这些法律要求所有黑人成年男性在每年年初与一个白人雇主签署劳工合同。如果你拒绝那样做，或你想为自己工作，便会被当成无业流民。你会因此受到逮捕，被处以罚款，然后将你的劳动力出卖给那些愿意支付你的罚金的人。

黑人法典的实施引发了北部公众舆论对约翰逊政策的批评，也令当时控制国会的共和党人深感震惊。国会共和党人认为南部正在以另外一种名义企图恢复奴隶制。1865年第十三条宪法修正案获得足够多的州的批准而生效。这一修正案永久性废除了美国境内的奴隶制。第十三条宪法修正案的语言是从1787年的《西北土地法令》中借用过来的。不幸的是，它的最终措辞中包括了一条例外规定，即强制性劳役仍然可以施加于那些受到法律惩罚的罪犯身上。所以，国会不经意地制造了一个法律上的漏洞，南部的种植园和工业借此而开始了对罪犯劳动力的广泛租用，这种对罪犯劳动力的使用一直延续到今天。

因为我将要讨论重建时期的宪法修正案，请允许我先就法院是否应该根据"原始意图"（original intent）——或近来所说的"原旨"（original meaning）——来解释宪法发表一点看法，我认为这不是一个历史问题，而是一个政治问题。事实上，没有任何历史学家会相信，任何历史文献只拥有一种单一的目的。此外，第十三条、十四条和十五条宪法修正案并不是以一种一蹴而就、同时制定的方式完成的，而是在一个历时5年的时间段里为了回应迅速变化的政治和社会条件而分别制定的，在此期间，人们的观点发生了极为迅速的转变。并没有任何一种单一的原旨或原意的存在。然而，搞清楚那些参与设计、投票赞成和讨论这些宪法修正案的人究竟希望它们达到什么目的，这正是历史学家的任务。

虽然英国历史学家布拉克（W. R. Brock）来自一个并无成文宪法的国家，但注意到宪政主义（constitutionalism）是重建的一个重要因素——他的意思是，制宪者希望将政策等同于宪法，这是宪法不能承载的任务，因为制宪者从未预见或想象过11个州会举兵反抗整个国家。与律师不同的是，普通人通常不以宪法为出发点，而是首先考虑政策的目的；然后他们考虑如何将政策的目的与宪法进行协调。如果有的政策或法律看上去明显违宪，它就会被修改或放弃。或者，如同在重建时期，他们会重写宪法，保证宪法与他们的愿望保持一致。

为什么第十三条宪法修正案是必要的？《解放奴隶宣言》不是已经废除奴隶制了吗？林肯将300多万奴隶宣布为自由人，但宣言没有解放那些居住在4个边界州的75万名奴隶，也没有解放居住在被宣言所排除的南部邦联领土上的奴隶。此外，宣言只是解放了奴隶个人，但并没有废止那些创建奴隶制的州法。换句说，解放奴隶并不完全等同于废除奴隶制。《解放奴隶宣言》，说白了，只是一个军事行动的措施，通过总统作为总司令行使的战争权在战时得以颁布。它在战争结束之后的命运如何尚不可知。即便在颁布宣言之后，林肯仍然在继续推动他更喜好的由州废除奴隶制的措施。因为通过和批准一条宪法修正案的目标十分高远，要求十分严格，由州采取主动措施来废除奴隶制，看上去是一个更为可行的方式。

与好莱坞最近拍摄的电影《林肯》所描述的情况相反，最先提出第十三条宪法修正案的不是林肯，而是废奴主义者。指出这一点，绝非只是纠正一个看似微不足道的历史细节。废奴主义者将这一条宪法修正案视为一场更为深刻转型的开始，今天我们将之称为"政权更替"（regime change）——从战前的亲奴隶制的政权转换为致力于建设平等理想的政权。大多数的共和党人都不是废奴主义者，但他们在某些原则上拥有共识：奴隶制是引发内战、导致75万美国人死亡的原因。奴隶制的罪恶并不限于对奴隶的压迫；它也是一种癌症，贬低了白人劳动者的劳动价值，并威胁到所有美国人享有的基本自由权，包括言论和出版自由。第十三条宪法修正案企图改变这一切以及其他更多的东西。在有一点上，这一修正案是具有真正的革命意义的——它在不带任何现金补偿的条件下废除了最大一笔集中化的私有财产。这是在历史上极少发生的事件。

"历史遗留的问题之一被解决了",一位国会议员就第十三条宪法修正案的批准说道。然而,如果它解决了奴隶制的命运问题,它同时又开启了一系列其他问题。到底是什么东西被废除了?是依附在人身的财产权?还是与奴隶制不可分离的种族不平等?前奴隶们将会拥有何种地位?谁将决定他们应该拥有什么地位?在战后的美国,作为一个自由的人意味着什么?针对这些问题,关于重建的激烈辩论将持续地展开。

大部分共和党人都赞同来自伊利诺伊州的众议员艾萨克·阿诺德(Isaac Arnold)的观察:"一个新国家"已经从内战中诞生,自由、法律面前人人平等,将成为它的伟大基石。"他们坚持认为,第十三条宪法修正案赋予国会保护前奴隶们的基本权利的权力,如同一位参议员所说,以保障"那些被联邦宪法解放的人……将是一个真正的自由人"。第十三条宪法修正案的第二款命令国会以适当的立法来实施这一修正案。国会很快决定,约翰逊的政策需要被修正,于是在1866年,国会以新批准的宪法修正案为基础,通过了美国历史上最重要的法律之一。这就是1866年《民权法》,这是第一部宣布谁是美国的自由公民、并列举他们应该享有的权利的美国法律。具有讽刺意义的是,如同我在第二讲中提到的,《民权法》设置的实施机制的原型来自1850年的《逃奴法》。这两部法律都企图使用联邦权力来保障一种宪法权利,来惩罚那些侵犯这一权利的联邦官员和个体公民。在1850年时,这一宪法权利指的是一个奴隶主得到被归还逃奴的权利；在1866年，这项权利指的是非裔美国人获得自由的权利。

1866年《民权法》宣布，任何在美国出生的人都是美国公民。这看上去似乎很简单，直截了当，但正如我提到的，在内战以前，这种情形并不发生在黑人身上。这一规定将出生地公民资格的原则写进了美国的法律之中。这不光是针对黑人而言，而是针对所有人而言的。因为如此，这一概念直到今天都极富有争议。一个没有合法文件的移民在美国所生的孩子具有的地位是什么？母亲不是公民，而她生的孩子却是美国公民并享有所有的公民权利。为什么会是这样？这是因为1866年《公民权》和后来的第十四条宪法修正案的规定所致，该修正案将这一原则写入宪法之中。这条原则等于宣布说，任何人都可以成为一个忠于美国的美国人——你的种族、宗教信仰、原始国籍等统统不重要，你的父母的法律地位也毫无关系。它将公民资格从种族限制构成的局限中解脱出来——如同废奴主义者长期以来所要求的那样。

《民权法》同时宣布，美国公民将享有基本的法律平等。州不能通过一套只单独适用于黑人的法律——正如它们通过的黑人法典的做法——同时又通过另外一套只单独适用于白人的法律。法律必须平等地对所有人实施。内战之前，联邦内的所有州都对黑人和白人实施不同的法律。即便是在立法上与平等理想最为接近马萨诸塞州，也不允许黑人加入本州的民兵组织。《民权法》没有就投票权的问题做任何说明,当时并没有将其视为是一项与公民资格相配的基本权利——只有 5 个北部州允许男性黑人参加投票。《民权法》只是保障了民权(civil rights)的平等,具体讲,就是签署合同的权利,拥有财产、在法庭作证、起诉和被起诉的权利。这些是所谓自由劳动的权利,即在经济市场上进行竞争所需要的权利。没有任何州或"地方习俗"可以剥夺公民的这些基本权利。参议员莱门·特朗布尔是这一法案的作者,他坚持认为,《民权法》的合法性得到了第十三条宪法修正案的支持。他宣称,"不用说,一个人如果不能够参与买卖,不能实施自己的权利,他就不是一个可以按自己的意愿自由行动的人。这些权利正是第十四条宪法修正案的第一款所希望为所有人保障的"。他选择的措辞很有意思:所有公民必须像享有这些权利的白人一样同等地享有这些权利。在内战前,"白人"的概念是一条决定排斥在外和享有特权的界限,此刻变成了一种基线,一种必须适用于所有美国人的标准线。《民权法》还禁止剥夺公民权利的地方习俗,这是一种令人迷惑的举动,但它明确表明,国会反对的不仅是法律上的种族歧视,而且也反对个人的种族歧视行为,如种植园主企图限制自由人的雇佣机会和侵犯他们的其他权利的做法。与后来的第十四条宪法修正案不同的是,第十三条宪法修正案没有关于州的行动的限定。它无疑是同时针对个体和公共行为的。

安德鲁·约翰逊否决了《民权法》。这部法律因此也成为美国历史上第一部通过否定总统的否决而生效的重要法律。约翰逊在否决意见中，谴责该法带有今天被称作"逆向歧视"（reverse discrimination）的倾向："该法对种族和肤色所做的区分，使其在运作中有利于有色人种，而不利于白人种族。"的确，扩展非白人的权利会惩罚大多数白人，就这一思想而言，安德鲁·约翰逊的幽灵直到今天还在困扰我们关于种族的对话。

当然，一部法律总是面临被废弃的危险，所以国会很快将这些原则通过第十四条宪法修正案写入宪法之中，而这一修正案也成为自共和国早期的《权利法案》建立以来对宪法的最重要的修订。修正案很长，而且十分复杂——是加入宪法的最长的修正案。事实上，它将在内战中获胜的北部共和党人对内战结果的理解写入宪法之中。它处理的是具体的、现实亟需解决的问题，并建立了通用性的原则。修正案的一些条款在今天已经没有任何相关性——奴隶主所丧失的奴隶财产将不会得到金钱的补偿，南部人出于爱"国"理由购买的南部邦联政府的债券不会得到赔偿；修正案禁止南部邦联的领袖和骨干分子在没有得到国会的宽恕之前担任民选公职，同时确认联邦债务的有效性。（前几年当国会拒绝提高国家债务限额、联邦政府有可能出现债券违约的情况时，这一条款突然变得相关起来。有人提出，奥巴马总统自己可以根据第十四条宪法修正案的规定而单独决定提高联邦债务限额。）修正案同时还包含了一条颇为晦涩难懂的限定，其中规定，如果一州剥夺本州任何群体的男性公民的选举权，它在国会众议院的代表权将相应受到削减。这一规定是对黑人选举权持不同观点的两派共和党人之间的妥协，一派共和党人支持赋予黑人以选举权，另一派担心这样的规定会导致修正案得不到各州的批准。这一妥协也引发了这个时代的女权主义者的抗议，因为它第一次将"男性"一词作为性别区分标准加入联邦宪法的文本之中。如果州拒绝给予妇女选举权，它们不会受到任何惩罚。事实正是如此，此刻联邦内的所有州都无一例外地拒绝给予妇女参与选举的权利。

然而，第十四条宪法修正案的核心是第一款。它将出生地公民资格的原则写入宪法之中，并禁止州侵犯与联邦公民相关的特权或豁免权，禁止州拒绝给予本州的任何人——不光是公民——平等的法律保护，或不经正当法律程序剥夺他们的生命权、自由权和财产权。与《民权法》不同的是，这一条宪法修正案的写作是以对普适性原则的陈述，而非以对具体权利的列举的方式进行的。它为未来的历届国会和法院将实质内容加入这些原则——平等法律保护、正当程序等——之中留下了游刃有余的空间。此外，第十四条宪法修正案将平等的概念第一次写进宪法之中。"平等"一词并不在原始宪法文本中（除了在提及各州拥有同等数量的参议员的时候）。这一概念是被第十四条宪法修正案加入宪法之中的。第十四条宪法修正案赋予了宪法先前不曾有过的功能和使命，它变成了一种工具，那些声称没有得到平等待遇的受歧视的群体可以通过它将自己的冤情与要求带上法庭。在最近的数十年里，联邦法院利用这一修正案扩展了数个群体的法律权利——最近的案例涉及同性恋男女的权利——而不只是前奴隶的权利。最高法院大法官安东尼·肯尼迪（Anthony Kennedy）关于同性恋者有结婚权的判决的法律基础就是第十四条宪法修正案。正如共和党报纸主编乔治·威廉·柯蒂斯（George William Curtis）在当时写到的，这一条宪法修正案将联邦宪法从一部"白人男性"享有的宪法改变成为一部"全人类"共同享有的宪法。

第十四条宪法修正案同时也关键地改变了美国联邦制的内涵，即联邦政府与州政府的关系。这被共和党人卡尔·舒尔茨（Carl Schurz）称为重建时代的"宪政革命"，不仅将平等权利的概念写进了宪法，而且还赋予了联邦政府以实施这一原则的权力。北部人民通过内战清楚地认识到，一个强大的联邦政府能够为公民的权利提供保障。如果你将第十四条宪法修正案与《权利法案》——宪法的前十条修正案——进行比较，你会明白我在此想要说明的观点。《权利法案》为我们提供了我们最基本的公民自由——言论自由、出版自由、政教分离、结社自由和向政府请愿的自由等。《权利法案》是以"国会将不得立法"这样的词句开头，然后列举出一系列国会不得侵犯的权利。

《权利法案》的目的是限制联邦政府的权力。它的立法前提是这样一种思想——一个过于强大的国家政府是自由的主要威胁。

它与州政府的权力无关。一州可以侵犯言论自由权，而且州政府在内战之前也曾这样做过。如果有人想要在南卡罗来纳州发表一个废除奴隶制的演讲，会被认为是违法的举动。马萨诸塞州在19世纪20年代建立了受政府资助的教会体系。这些是不是违反第一条宪法修正案的举动？不是，因为那条宪法修正案所限制的是联邦政府的权力，它的权力限制与州的权力毫无关联。

现在，让我们看一下第十四条宪法修正案的最后一段，我们也可以将第十三条、第十五条宪法修正案的最后一段放在一起来思考。它们的内容是一样的："国会将有权通过适当的法律来实施本修正案。"从国会不能制定法律到国会将拥有权力，这是一种带有根本性质的转变。从此刻起，联邦政府被视为是个人权利的保护者，而州看上去更像是可能会侵犯公民权利的体制。所以，此刻发生了一场根本性的权力位移。修正案制定者们的目标并不是摧毁联邦制的设计。如果各州实实在在地将平等权利赋予所有的公民，联邦的干预就不会发生。的确，此刻的联邦政府并没有为对地方事务进行持续的干预做好充分的准备。那些提倡黑人选举权、禁止南部邦联骨干分子担任公职的规定的目的，是为了确保那些在南部即将掌权的州政府能够遵循这些原则，从而使联邦干预成为不必要的。然而，第十四条宪法修正案使得重建成为了一场连续不断进行的，而非一次简短实施之后即被封冻的改革工程。在我们国家的历史上，它第一次将联邦政府变成了废奴主义者查尔斯·萨姆纳所称的"自由的捍卫者"。自此开始,尤其是在20世纪,受到不公正待遇的群体在需要保障自己的权利时,便选择向联邦政府请求帮助。如果没有这项通过重建而产生的宪法改革,20世纪的美国法院不可能做出所有的关于公民权利的判决。(然而,也需要指出,联邦政府的权威中并不自动拥有一种天生的进步性。当联邦政府与一些群体的权利发生冲突的时候,正如目前所发生的情形一样,平等权利的捍卫者也将抵制政府法律和法院命令,如同19世纪50年代针对逃奴所采取的行动一样。)

第十四条宪法修正案没有直接涉及选举权的问题,但国会随后很快决定,由约翰逊总统建立的南部州政府需要被替换。为了保证法律面前人人平等的原则在南部得到实施,南部需要建立新的州政府。1867年,国会命令南部的黑人必须拥有选举权。在内战之前,整个联邦内只有极少数的黑人可以投票。突然之间,南部的男性黑人都获得了投票权,同时还被给予了担任公职的权利。这一原则通过1870年批准的第十五条宪法修正案被延伸到全国。这一修正案禁止州以种族名义剥夺任何公民的选举权。这一规定听上去似乎很激进,在19世纪的背景下,的确如此。但它却令女权运动的积极分子愤怒不已,因为它允许以性别为基础的政治歧视继续保留下去。即便是男性,这条修正案也没有达到激进共和党人所期望的程度。他们希望的是一个具有肯定语式的宣告：所有年满 21 岁及以上的男性公民都拥有选举权。两者的区别何在？第十五条宪法修正案为添加其他形式的选举权限制留下了开放的空间——读写能力测试、人头税、阅读理解能力测试等；一代人之后，南部白人政权将使用所有这些方法来剥夺黑人的选举权，他们在这样做的时候，并没有明确提及种族的原因，从而也避免了公开违反宪法。

尽管如此，男性黑人选举权的实施开启了我们称之为"激进重建"的时代，这是黑白种族共治政府在南部掌权的时期。这是一场大规模的和前所未有的跨种族民主的实验。这些新的州政府有许多成就。它们创建了南部的公共教育体系，而这种体系在先前并不存在。它们企图重建南部的经济。它们制定和通过了南部各州的民权立法。它们企图捍卫黑人劳动者的权利。在重建时期，黑人在不同级别的政府中担任公职，从我先前提及的两名参议员，到国会众议院和州立法机构的议员，再到地方治安官、警察局长和地方学区的官员等。其中一名名叫乔纳森·莱特（Jonathan J. Wright）的黑人还曾担任南卡罗来纳州最高法院的法官。（举个例子说明一下旧重建史观的长期影响力：莱特的画像并没有被挂在州最高法院的墙上，直到 20 世纪 90 年代后期，在该州第一位非裔美国人首席大法官厄尼斯特·芬尼 [Ernest Finney] 的命令下，莱特的画像才被挂上。）重建时期的大部分权力继续由白人共和党人所掌握，但突然之间有 2000 名非裔美国人在民选的政治职位上出现，这一事实显示美国政治体制发生了非常重要的变化。

然而，获得解放的奴隶所面临的问题自然不止限于公民权利和政治权利的缺乏。他们从奴隶制中走出来，没有财产，也没有任何其他的经济资源。1865年年初，从亚特兰大进军到南部海岸的威廉·谢尔曼（William T. Sherman）将军在刚刚攻克了萨瓦纳城之后，与当地的一群黑人牧师举行了一次简短的"对话"。幸运的是，联邦军队保留了这一极富戏剧性的会谈的全部内容和细节，所以我们今天能够看到谈话记录的文本。谢尔曼对大约十八九人的这群黑人领袖发问道，你们知道什么是奴隶制吗？今天我们回答这一问题的方式很多，但这群黑人领袖是怎么回答这一问题的呢？他们说："奴隶制是在不经人同意的情况下享有他人的劳动成果。"奴隶制是一种对他人劳动成果的盗窃。有意思的是，这个回答丝毫不差地正是林肯的回答——在他的令人难忘的第二次总统就职演说中，他提到奴隶制如同250年之久的"没有被支付的辛苦劳作"。谢尔曼又问，什么东西能够帮助你获得真正的自由？他们的回答是："给我们土地。给我们可以自己在上面劳作的土地，然后我们将享有自己劳动的成果。"

谢尔曼说："这是一个很不错的主意。"几天之后，他签署和颁布了第15号特别战区命令（Special Field Order Number 15），将佐治亚州和南卡罗来纳州的大片条状土地预留出来，以每40英亩为一块，让黑人家庭在上面居住安家，他还附加了一句：我们还将给他们一头骡子，如果他们能够把骡子养好，他们可以在农场上使用它。这就是"四十英亩土地加一头骡子"（40 acres and a mule）一语的起源，而这句话也可能是人们听说的为数不多的关于重建的事情，但人们知道它主要因为它是斯派克·李（Spike Lee）的电影公司的名字。这一名称却在重建时期的南部引发了巨大的反响。刚从奴隶制中走出的非裔美国人需要土地，而且认为他们理所当然地应该拥有土地，因为这将是对250年之久的奴隶制压迫的一种支付。赔偿（reparations）的概念在当时并不存在，但我们今天仍然在为林肯在第二次总统就职演说中隐含提及的问题争论不已——在经过了长达250年之久的对奴隶劳动的无支付地榨取之后，美国对于他们和他们的后代究竟应该负有什么样的责任？

土地分配的事情最终当然没有发生。约翰逊接任后首先做的事情之一，便是命令联邦政府将收缴的土地归还给原来的主人。他废除了所有关于分配土地给前奴隶的联邦命令，包括谢尔曼将军的特别战区命令在内。我们也许可以说，在重建期间，政治革命向前迈进了，但经济革命却没有发生。或用我在开始提到的观点来说，政治民主向前迈进了一大步，但经济民主却没有发生。大部分的非裔美国人都停留在贫穷、赤贫和无产的状态之中，除了拥有可供白人雇主使用的劳动力，其他一无所有，他们经常不得不回到先前作为奴隶工作过的种植园上工作。

但来势汹涌的政治革命，如我提到的，也在南部激发起一波由三K党和其他相似群体发动的暴力活动，它们使用恐怖主义的暴力以阻止人们前去投票。暴力活动成功地致使一些地方政府处于瘫痪状态。同时发生的是北部的退却，从写进宪法中的平等理想上开始撤退。首先是尤里乌斯·格兰特（Ulysses S. Grant）总统。他在约翰逊之后接任总统，最初向南部派出军队，镇压在那里施行暴力的三K党分子。当南部暴力活动在19世纪70年代中期再度抬头时，北部的民意不再支持采用军事干预的方式。到1877年时，南部各州在激进重建时期建立起来的重建政府一个接一个地倒台，这也正是我们传统意义上所说的重建的结束，整个南部重新回到了由主张白人至上的民主党人的政治控制之下，而这些人从此将一直控制整个南部的政治，直到民权革命时代到来。

对于今天的我们来说，这里还有一个漫长的故事。它从重建的结束的开始，到20世纪60年代民权运动的时代，差不多有一个世纪之久，然后延续到今天。在1900年左右，一个崭新的、以种族压迫为基础和特征的制度已经在南部建立起来。这个体制有几个重要的支柱：法律上的种族隔离体制，它将黑人和白人在日常生活中所有最重要的领域中分离开来；在政治上剥夺黑人选举权的选举体制，它无视第十五条宪法修正案，将选举权从黑人选民手中夺走；对黑人教育经费进行严厉削减的政策；被生硬划分的劳动力市场，它把大部分的好工作预留给白人单独享有；然后是暴力的使用，通过私刑和其他法外形式的暴力，在外围维护和监管以上制度的实施。1890 年至 1960 年之间，南部有 4000 多人遭到私刑的处置，即被暴民群体谋杀致死，其中大多数的受害人是非裔美国人。正如我提到的，重建时期的所谓恶政成为南部种族压迫制度的思想和政治基础。激进重建中的所谓恐怖传播到远至南非和澳大利亚等地方，以此警示将非白人从政治权利的享有中剔除出去的必要性。这也是为什么杜波伊斯在他 1935 年的伟大著作《美国的黑人重建》（*Black Reconstruction*）一书中，将重建的结束视为一场民主的悲剧，不仅对美国来说如此，对全球来说也是如此。

第十四条、第十五条宪法修正案虽然遭到了侵犯——南部也没有因此受到惩罚——但它们却仍然被保留在美国的法典之中，借用查尔斯·萨姆纳的话来说，成为了宪法中沉睡的巨人。几十年之后，它们将会被唤醒过来，为民权革命运动提供法律的基础。而这一革命有时也被称为"第二次重建"。当南非人民废除了种族隔离制度之后，他们制订了一部新的宪法。但在美国，民权革命并没有带来或产生什么重大的宪政变化。这个运动不需要一部新的宪法，它只需要将旧的宪法加以实施。最终，在重建将那些改革写入宪法一个世纪之后，重建建立的宪政改革措施终于得到了实施。

我们今天也许可以从重建的历史中汲取几个教训。首先，仅将权利写在法典中是远远不够的，因为它们不会自动得以实施。第十四条、第十五条宪法修正案一直是宪法的一部分，但它们在很多年里被完全无视。民权立法也保留在法律卷宗中，但也同样被无视。换句话说，如同老话所说，自由的代价是永久的警惕。我很遗憾地说，在从平等的理想中后撤的过程中，最高法院扮演了一个重要的角色。后撤是渐进的，从来不是全面而彻底的。然而，到 20 世纪初期，第十四条、第十五条修正案在整个南部变成了形同虚设的摆设。具有讽刺意味的是，法院反而逐渐增加启用"自由劳动"的概念，不是为了保护前奴隶的权利，而是被州用来作为一种废除商业企业管理的理由。从法律上讲，企业也是具有"人性"的（即法人资格——译者），它的自由权也不能不经正当程序被剥夺。但第十三条宪法修正案则被废弃不用。在 20 世纪初审理劳役偿债的案例时，法院曾启用过这一修正案；法院视它为抗击奴隶制遗留的痕迹的一件武器，在 1968 年曾再度启用它来支持一条禁令的合法性，该禁令将住房方面的个人性种族歧视行为视为非法。但直到今天为止，以第十三条宪法修正案为基础的司法审判案例非常罕见。最近在企图掏空 1965 年《选举权法》的核心内容的案件审理中，联邦法院也开始无视第十五条宪法修正案的存在。

然而，我并不希望只是怪罪于法官们。最高法院的决定反映出一种国内和国际（至少在白人内部）正在浮现的共识，即重建是一个严重的错误。这种观点，根植于一种极为错误的历史认知之上，早已被历史学家批得体无完肤。但在过去几十年里，联邦最高法院的决定反映的却是唐宁学派的历史观。即便在今天，一位法学院的学者指出，"宪法学的教义仍然没有真正懂得重建"。所以，许多法官采用了一种对宪法修正案做狭义理解的思维方式。事实上，尽管沃伦法院曾推翻或完全忽视了先前的许多司法判例，它也没有直接向对重建的错误理解发起挑战，而这种错误理解是先前司法判决的基础，从而产生出某种思想上的不连贯性。因为最高法院倚重先例的判决，关于重建的错误的历史观仍然深植于我们的司法思维和司法传统之中。因为它们是妥协的结果，所以这些修正案可以从多种角度来被解读。如同1866年一位国会议员提出的，"第十四条宪法修正案必将带来模棱两可的理解，并会产生相互冲突的解释"。但长期以来，法院对它们的解释一直是非常狭义的，而不是采用广义的方式，尤其是在面临种族正义的问题时。我并不是说，对这些修正案的解读必须遵循某种单一的方式，而是说，我们还有其他的合法、正当的途径，它们可以使这些修正案得到更具活力的使用，而不只是接受司法审查的结果，一方面是因为重建的错误观点在其历史上留下了漫长的影响，另一方面也是因为从这种影响中产生出一种极为狭窄的对修正案的理解和解读。

最后一点。美国人有时愿意将历史想象成一条从自由不断走向更大自由的直线。事实上，正如重建所显示的，我们的历史实际上是一个更为复杂、更为有意思的故事，她有高潮，也有低谷；有进步，也有倒退；有赢得权利的时候，也有权利被剥夺而后又要在另外一个时候被再度争取回来的时候。正如托马斯·温特沃斯·希金森（Thomas Wentworth Higginson）——他曾在内战中指挥过一支黑人军队——在重建开始的时候所写道的，"革命有的时候是要开倒车的"。重建就是这样一场开了倒车的革命，但它居然能够发生这一事实非常重要，因为它为一个世纪之后的另外一代人的斗争奠定了基础，新一代人企图将重建的目标和理想变成现实，企图实现将美国从种族性压迫的暴政下解放出来的理想，而这个理想最初是通过重建而被带入我们的历史之中的。我们看上去正在进入另外一个时代，即那些被认为是理所当然的权利正在被夺走。我们从历史深处走来，但我们究竟应该如何在各个方面应对奴隶制留下的遗产？在美国内战结束一个半世纪之后，这仍然是我们面临的挑战。

谁是美国人？*

对于历史，美国人总是抱有一种不同寻常的暧昧态度。赫尔曼·梅尔维尔（Herman Melville）写道："过去只是暴君们留下的课本，而未来则是自由人拥有的圣经。"然而，如同其他许多民族一样，我们也总是从历史中寻找凝聚我们民族的力量。当今美国社会关于历史的辩论，在很大程度上源自我们对美国社会可能发生碎化的担心，也源自我们对当代学术研究的一种忧虑：它似乎更强调讲述致使美国人分离而不是共享的历史内容。历史学家当然需要寻求和识别美国历史上的共同主题，然而，这些主题的呈现并非是单面相的，也不像新史学的批评者们所想象的那样可以轻易完成。差异性与共同性是美国历史经验中相互依存的两个内

---

* 1995 年，纽约人文学科委员会（New York Council for the Humanities）评选方纳教授为"年度学者"（Scholar of the Year），本文是方纳在颁奖仪式上的演讲。中译版曾在《世界历史评论》2017 年第一期刊登。本版译文有所修订。

容。组成美国社会的多元群体长期使用同一种政治话语，尽管它们对这一话语的内容具有极为不同的解读。显然，普世原则和共同价值观在历史上是通过差异和排斥而建构起来的。

包容与排斥两者之间存在的这种共生关系——一方面强调民主与自由是普遍权利，另一方面又只允许某些特殊群体享有民主与自由——在围绕"谁是美国人"这个根本问题的辩论上表现得最为明显。如今，许多政客将美国的问题归咎于外国人的非法进入，他们提出要以种族和族裔标准来重新界定我们的民族性（nationality）。然而，关于"谁应该是"和"谁不应该是"美国公民的激烈争吵在历史上并不新鲜。作为一个民族，我们曾经为了"美国性"（Americanness）的定义问题而长期争论不休。

民族（nation），在本尼迪克特·安德森的著名定义中，不只是一种政治实体，也是一种心理状态，"一种想象的政治共同体"，同时带有精神和地理边界。民族认同感（national identities）并非是永久固定的，反而注定是不稳定的，注定要随着想象的边界而不断被界定和再界定。与民主、自由、平等以及美国政治语言中的其他"关键词"一样，"美国性"被哲学家们称为是一个"从根本上引发争议的概念"——它的本质决定了它会具有多种且彼此冲突的解读。

在一个至少在口头上信奉平等理想的社会里，如何划分想象共同体的范围具有极为重要的意义。从认知的角度而言，美国人一直认为民权平等和政治平等应是主流价值,而对"次等公民地位"(second-class citizenship)的抗议也成为一种有力的社会抗争语言。随着与美国公民资格关联的实质性权利的范围变大,决定包容与排斥的界限也变得愈发重要。美国历史不是一个不同群体依序获取一套固定权利的简单故事。相反,被排斥的群体要求进入划定的范围,权利则因围绕边界斗争的结果而不断发生变化。例如,前奴隶在内战之后,以及他们的后代在20世纪五六十年代,先后展开了争取完整的公民资格和公民权利的斗争,他们的斗争激发其他群体发出同样的权利诉求,美国人关于"谁是美国人"的思考因此而得以转变。

美国人关于民族认同的辩论反映出西方传统所包含的一种更大的内在矛盾。我们时常说,西方创造了"自由"的概念,并将自由界定为一种普遍人权,但西方也发明了"种族"的概念,并赋予其预测不同人类未来行为的权力。"民族主义"(nationalism)的思想,至少在美国来说,就是这两种信仰结合而产生的结果。传统上,学者们将"公民民族主义"(civic nationalism)与"族裔民族主义"(ethnic nationalism)区分开来,前者将"民族"想象成为一个共同体,它建构在共享的政治体制和价值之上,其成员资格对居住在其领土范围内的所有成员开放;后者则将"民族"视为一个建构在同一族裔和语言传统之上的后裔共同体。法国所展示的就是一种具有包容精神的、公民性民族国家,而德国则代表了一种排他的、族裔性民族国家的形式。多数学者将美国视为是法国模式的民族国家。他们认为，自北美殖民地宣布独立开始，美利坚民族的生存是基于一系列具有普世性而非特殊性的原则之上的；做一个美国人的全部要求即是全身心地拥抱和接受以自由、平等和民主为内容的意识形态。

然而，长期以来的实践显示，美国民族性的界定同时带有公民性与族裔性特征。在美国历史的大部分时间内，美国公民资格的界定既是由血缘也是由政治忠诚所决定的。这两种思想的并列可以追溯到共和国的创制时代，美国是为了追求自由而得以创建的，但其生存则在很大程度上依赖于奴隶制的支撑。奴隶制帮助决定了所有美国人的认同和自我认知，从一开始就赋予美利坚民族（nationhood）一种鲜明的排斥性特征。正如政治学者朱迪·施克莱（Judith Shklar）所指出的，在很大程度上，奴隶制使美国公民资格的价值建立在对其他人的拒绝与否定之上。奴隶制给美国公民资格建构起一道最困难重重的边界，令黑人在那些想象美国共同体的人的眼中彻底消失。美国首任联邦检察总长埃德蒙·伦道夫（Edmund Randolph）曾写道，奴隶不是"我们社会的基本成员"，自由和公民权这类语言并不适用于他们。美国迷思的首倡者赫克多·圣约翰·克里维科尔（Hector St. John Crèvecoeur）提出了一个经典问题："美国人这种新人到底是什么样的人？" 他的回答是，美国人"是一个混合体，由英国人、苏格兰人、爱尔兰人、法国人、荷兰人、德意志人和瑞典人混合组成……他或者是一个欧洲人,或者是一个欧洲人的后代"。而此刻美国人口的整整五分之一(这是在我们历史上出现的最高比例)是非洲人和他们的后代。

那些被划入"我们圈子"中的人又是谁呢?联邦宪法中没有任何条文明确界定过谁是美国公民,也没有说明公民应该享有何种特权或豁免权。相反,界定公民资格和公民法律权利的权力掌握在各州州政府手中。但联邦宪法授权国会建立一个全国统一的移民归化体制,而1790年《归化法》则第一次对美国国籍(nationality)做出了立法规定。国会没有经过任何辩论,就将归化程序限制在"自由白人"(free white persons)的范围之内。这一限制延续了很长时间。在长达80年的时间里,只有白人移民才能通过归化程序成为美国公民。黑人在1870年被准许进入归化程序,亚裔则要等到20世纪40年代才获得进入归化程序的资格。对白人群体的移民限制始于19世纪的最后25年。最初被排斥的包括妓女、犯有重罪的罪犯、精神病患者、一夫多妻者以及那些有可能变成"公众负担"的人。到了20世纪,这个排斥名单最终会加入无政府主义者、共产党人和文盲。但在美利坚合众国历史的第一个百年内,依照1795年《归化法》的要求,全世界唯一无法获得美国公民资格的一群白人是那些不愿放弃世袭贵族头衔的人。所以,对于白人而言,(美国)国籍(nationality)的界定,既是想象的结果,也是自愿选择的结果。

在欧洲贵族和非白人这两个被排斥在归化程序之外的群体之间，相似之处要比乍看上去更多。两者都被视为缺乏共和政体公民所必需的素质，尤其是缺乏自制能力、具有前瞻性的理性思考和为公众服务的奉献精神等。这些正是杰斐逊在《弗吉尼亚纪事》一书中声称黑人所缺少的素质，之所以缺乏一方面是因为自然能力的缺失，一方面则是因为奴隶制曾带给他们的苦痛经历（杰斐逊对此很能理解），致使他们无法对美国抱有忠诚感。与当代作者一样，杰斐逊十分看重遗传与环境、种族与智力之间的联系；但与当代作者不同的是，他提出了一些暂时但并不"科学"的结论。杰斐逊认为，美国黑人应该享有《独立宣言》所宣示的自然权利，但他们得享这些权利的地方应该是在非洲或加勒比海地区，而不是在美国。美国公民群体应该是人种统一的，所有人拥有同样的经历、价值观和内在能力，从而能够凝聚起来，将公益的理念变成现实。

杰斐逊想象的共和国共同体中没有黑人的位置。随着（白人男性享有的）政治民主在19世纪上半叶持续地得以扩展，黑人的地位——无论是自由人还是奴隶——开始变得越来越不协调。的确，美国缺乏一些界定民族性的传统要素——规制久远的地理范围，一个强大而充满敌意的邻国，基于族裔、宗教和文化历史之上的整体感——美国的民主政治体制最终成了界定美利坚民族的要素。投票权不断变成美国公民资格和权利的象征——尽管法律上还没有完全承认（选举权因受州政府的管制仍被视为是一种特权，而不是一种普遍权利），但在大众文化和公众话语中却早已被接受。诺瓦·韦伯斯特（Noah Webster）在19世纪20年代出版的《美国词典》注释说，"公民"一词的同义词是选举权的拥有。

在以选举权的拥有而划定的边界之外站着各种不同的美国人群体。自由女性在作为想象共同体的"国家"（nation）中自然占有一席，而且根据当时盛行的男女领域分离理论，女性在培养未来公民方面承担着不可替代的重任。普通法的习俗通常将妇女置于丈夫的法律地位的覆盖之中。然而法院也经常（但并不总是）判定已婚妇女可以拥有独立的公民地位。外国女性移民可通过归化程序而成为美国公民，本土出生的美国妇女不会因为嫁给了外国人而丧失美国公民的地位，唯一的例外是1907年及随后的15年。然而，无论在法律上还是现实中，妇女没有参与政治的基本资格——基于财产的拥有或控制自己劳动的权力之上的自立机会。（男性）社会普遍认为女性天性顺从，不适合承担公民权责之重。

如果说妇女占有的是一种附属公民（subordinate citizenship）的地位，非白人则被彻底排除在白人美国人的想象共同体之外。奴隶因其地位而理所当然地被排斥在"我们的圈子"之外；即便是在北部，虽然民主在白人男性公民中得以扩展，外国移民也不断被纳入民主化进程之中，但黑人的法律和政治地位却迅速衰退。

1821年的纽约州制宪大会废除了白人男性选民的财产资格限制，却同时将黑人参与选举的资格提升到必须拥有价值250美元的财产——这笔财富超出了该州绝大多数黑人公民的经济能力。在决定一个人获得或丧失公民资格的标准方面，种族事实上取代了阶级。联邦最高法院首席大法官罗杰·B.坦尼（Roger B. Taney）在1857年斯科特案的判决中，通过宣布任何黑人均不能成为美国公民，从而使这一立场合法化了。

包容与排斥是一种共生的、而非相互矛盾的关系。即便美国人的言辞变得更为提倡平等，但以种族主义为核心的一整套意识形态却拥有广泛的民意支持，成为界定民族性的标准。如同对妇女公民地位的解释一样，大自然的造作——与生俱来的能力、而不是人类的发明——为排斥非白人群体提供了理由。正如约翰·斯图亚特·密尔（John Stuart Mill）曾经斥责过的，"对于掌握强权的人来说，所有的强权不都是一种大自然造化的结果吗？"然而，在密尔本人的名著《论自由》中，他却认为自治权"只适用于那些天生禀赋达到了成熟程度的人类"。许多"种族"整体不具备理性行动的能力，而这一能力则是民主国家公民的必备素质。

密尔的观点在美国白人中很有市场。这也许是不可避免的，因为当时美国经济的增长主要依赖于黑人奴隶的劳动，美国领土的扩展导致另一个非白人群体——印第安人——丧失家园、流离失所，对墨西哥人居住的领土的征服也被视为是对非白人的征服。的确，西进运动让美国白人感到，拥有土地就等于拥有了美国公民的资格。然而，当白人劳工将西部想象成为是一片获取经济独立的土地，并的确从中有所斩获的同时，一系列名目繁多的附庸性经济体制——包括奴隶制、印第安人契约奴工制、墨西哥人的劳役偿债制和华人劳工的长期契约劳工制等——也被带入西部。自由劳动成为只有白人才能享有的权利。

美国的政治语言中也充斥着种族排斥的话语。"我相信，美国政府是为白人而创建的，"斯蒂芬·道格拉斯在1858年与林肯的辩论中这样宣称，"我相信，它是由白人为了白人的利益和他们的后代而创造的，我赞成将公民资格赋予白人……而不能赋予黑人、印第安人和其他低贱的种族。"这种注重"种族"（这是19世纪人们使用的一种极为荒诞的范畴，它将文化、历史、宗教和肤色等因素笼统地混为一谈）的言论在不同种类的欧洲人中建构起一种国家认同，同时也更为苛刻地划定了想象共同体的排斥范围。

然而，如果奴隶制赋予美国民族性一种种族化定义的话，废奴主义的斗争则产生出它的对立面，即一种关于公民资格的纯公民性理念（a purely civic version）。废奴主义者对黑人奴隶和自由黑人拥有的"美国性"的承认，不仅驳斥了奴隶制的合法性，而且也反对将自由黑人视为二等公民。废奴主义者率先提出了一种关于联邦公民资格的思想，认为所有公民都应享有联邦国家提供的平等的法律保护。共和党在19世纪50年代登上政治舞台，其言论并不像废奴主义者那样追求平等，但也承认美国所宣称的原则拥有包括全人类的足够范围。在谈及欧洲移民的时候，亚伯拉罕·林肯指出，这些人的美国公民资格并不是从"血缘"或祖辈那里衍生而来的，而是源自普世平等与普遍自由的原则中所包含的"道德情操"（moral sentiment）。林肯否定了斯蒂芬·道格拉斯的基于种族之上的自由推论，声称《独立宣言》所列举的权利适用于全人类。

从这个角度看，美利坚联邦在19世纪中叶所遭遇的危机，也是一场关于美国民族性内涵的危机，而内战则成为重新界定美国公民资格的一个关键时刻。战争动员通常会强调全民团结一致的必要性，在美国历史上，战争也给被剥夺了权利的公民带来了要求权利的机会。妇女与印第安人在第一次世界大战之后成为选民，年满18岁的公民在越南战争后获得了选举权。美国内战不仅巩固了联邦的团结与国家忠诚，而且创造了一个现代的美利坚民族国家。这自然将"谁是美国人"的问题推到了公众讨论的最前沿。温德尔·菲利普斯在1866年写道："一个令人不容忽视的事实是，美国与其他国家不同，它必须回答这样一个问题，即究竟是什么造就或构成一个公民。"内战产生了第一部关于美国联邦公民资格的法律，它极大地扩展了公民权利，也彻底否定了把公民权利与族裔或种族身份相联系的做法，新法律规定，公民是一个没有区分和等级差别的美国人民群体中的平等成员。

一套新的美国主义（Americanism）的概念从内战中得以降生。1866 年《民权法》第一次对美国公民资格做了法律界定，宣布所有在美国出生的人（印第安人除外）都是美国联邦公民，并列举了公民不分肤色均应享有的权利——尤其是在市场上进行竞争的权利、拥有财产和享有同等的法律待遇等。第十四条宪法修正案规定，美国公民资格的基础是在美国领土上出生或在美国完成归化程序，各州不得剥夺任何公民的"特权和豁免权"或拒绝给予他们"平等的法律保护"。修正案使用了弹性如此宽泛的语言，为国会和联邦法院在未来将种种实质性权利带入"法律平等保护"的实践之中打开了大门，而这一实践将占用联邦法院在 20 世纪里的许多时间。第十五条宪法修正案则禁止各州利用种族作为行使选举权的资格限制。

共和党领袖卡尔·舒尔茨称重建为"伟大的宪政革命"，因为它代表了一种与先前的美国法律传统非常明显的分离，它自然也引发了强烈的反弹。"我们根本就不属于同一个种族，"来自印第安纳的参议员托马斯·亨德里克斯（Thomas Hendricks）说，"我们是如此不同，完全不应该组成同一个政治共同体。"

重建时期的共和党人否定了这一说法，但他们信奉的普世主义有自身的局限性。在于 1869 年发表的名为《组合民族》

(*Composite Nation*)的演讲中,弗雷德里克·道格拉斯对歧视中国移民的做法予以谴责,坚持认为美国的目的是为"来自世界各地、为追求民族自由的梦想所激励的"所有人提供一个避难所。他认为,任何形式的排斥都是与民主的内涵相对立的做法。一年之后,当参议院的激进共和党人领袖查尔斯·萨姆纳提议将"白人"一词从归化资格要求中去除的时候,西部参议员们表示强烈的反对。他们愿意将黑人吸纳为美国公民,但拒绝将亚洲人纳入。在他们的坚持下,美国"民族性"的种族界限不但没有被废除,反而被扩大了。

在扩展公民权利的时候,重建时代的政策制定者们也没有努力将妇女的权利考虑在内。信普教派牧师和妇女选举权领袖奥林匹亚·布朗(Olympia Brown)说,重建提供了一个"将黑人和妇女融入公民之中"的机会。但共和党人——包括许多前奴隶——将奴隶解放视为一种黑人过家庭生活的自然权利的恢复,在家庭生活中,男性将占据一家之长的位置,妇女则将被局限在家庭领域之中,而这一位置曾经被奴隶制剥夺了。事实上,妇女们曾利用第十四条宪法修正案来为自己争取权利,但法院对她们的要求并不接受。首席大法官莫里逊·威特(Morrison Waite)宣布说,公民资格的拥有与选举权的缺失可以并存;公民资格只是意味着"一个国家体制中的成员资格,并无其他含义"。最高法院关于妇女权利的论点预示着一种对公民资格更为收缩的界定。随着重建的结束，追求平等的冲动逐渐从国家生活中消退，想象共同体遭遇了另外一波重新想象。

19 世纪后期，种族主义思想因重建的"失败"而被再次强化和兴起，主导了美国文化，并助长了那种认为非白人不配享有政治自治的思想的传播。哥伦比亚大学政治学者约翰·伯吉斯（John W. Burgess）在 19、20 世纪之交时写道："一个黑人，意味着他是来自黑色人种的一员，这个种族从未学会如何成功地用理智来制服感情，也从来没有创造过任何形式的文明成果。"无肤色差别公民资格的理想主义在内战后的撤退，带来了盎格鲁-撒克逊主义的再度复兴，它通过排斥性的种族语言将爱国主义、仇外主义和基于族裔文化之上的民族性定义等统领起来。美国通过 1898 年美西战争的胜利而作为帝国主义强权进入世界舞台之中，这一行动越加激发美国对盎格鲁-撒克逊优越论的推崇，并以此来取代先前将美国与民主政治体制相等同的做法（或不断使用愈加明显的种族主义方式来界定这些体制）。

享有公民资格的范围在进步时代变得更为狭窄，即便公民权的内涵在扩大。如同"劳工问题"逐渐占据了公众生活的中心，另一种思想——公民权需要有经济内容——也进入主流思想之中。进步时代的领袖人物，如路易斯·布兰代斯（Louis Brandeis）和西奥多·罗斯福（Theodore Roosevelt）等，认为在大公司资本主义时代，"美国公民权的根本内容"必须包括享有"产业自由"

(freedom in things industrial),譬如接受教育的权利、"某种程度上的财政独立"以及足够抵抗失业和贫困的"社会保障"。这是关于公民资格的社会定义,它将最终延伸到新政及其之后。但进步主义者也希望利用强大的国家来推动美国化的进程,而美国化将帮助美国在面临正在发生的人口结构变化时形成一个团结一致的共同体,弱化族裔认同,将新移民变成完全的美国公民。如同当今推动共同文化和共同价值观的人一样,进步主义者事实上在面对美国主义的具体内容上表现得非常模棱两可。除了要求对民主表示信仰、移民必须对美国而不是对原国籍国表示忠诚之外,如果要从他们的演讲中找出任何关于美国价值观的准确定义,都将是徒劳的。

美国主义的最强劲推崇者则继续推进种族化的民族性定义。在其宣扬的"美国生活标准"(American Standard of Living)的思想中,美国劳联一方面将高工资与国家认同等同起来,另一方面则声称亚洲人、黑人和欧洲新移民天生就愿意为挣得"奴隶的工资"而工作,所以他们不是真正的美国人。其他自诩为美国种族和文化传统的卫道士们则对"低等种族"——专指来自南欧和东欧的新移民——造成的危险不停发出警告。这种从19世纪承袭而来的种族主义语言此刻得到了伪科学的支持,新发明的智商测试和出生率统计数据"显示",能力欠缺的人种有可能在人数上超过优秀人种,并有可能破坏美国人基因的纯洁性。(当今那些反对非白人移民的人所说的话都能在 80 年前出版的麦迪逊·格兰特的《伟大种族的消逝》一书中找到对应的语言。唯一的不同是当今的本土主义者将进步时代的移民美化成为自给自足的个人，他们不像今天的移民一样，从不依赖于公共救助，也从不从事暴力犯罪活动。这样的描述会令昔日那些"美国化行使者"[Americanizer] 感到惶恐，因为他们在当时曾以今天指责海地人、墨西哥人和其他移民的同样罪名来指责意大利人、犹太人和波兰人等，他们把后者视为智力低下、仰赖公共救助而生活、有犯罪倾向的人）。

那种将新移民视为异类、认为他们不适合成为民主体制公民的思想导致传统的排斥性死灰复燃，进一步收缩了民族性的限定范围。国会早已禁止中国移民继续进入美国。1921 年和 1924 年，国会从根本上打破了对白人移民完全开放（除去特殊指定的不值得期望的群体之外）的传统，第一次对来自欧洲的移民设置了严格的入境人数限制，建立起一种原国籍定额制，目的是保证新移民的人数永远不会超过国内的老移民人数。由种族、智力和美国主义共同构成的思想也推动了其他立法的产生，旨在通过强制性结扎来减少"智力不健全者"的人口数量，这一实践在 1927 年得到联邦最高法院的支持。最高法院认为这是改进美国人口质量的一种途径。此时各种力量也努力联合起来，修订中小学课程的设置，以便为美国历史教学注入更富有爱国主义的内容。

到 20 世纪 20 年代，南部对黑人选举权的普遍剥夺已成为既成事实，亚洲人被排斥在准允进入美国的人群之外，"产业民主"的思想被迫让位于工业资本家的"美国计划"（American Plan），劳工和移民已经依循种族、族裔和性别的界限被分割成不同的群体，美国公民资格和公民权利的边界与实际内容已经遭到了严重的缩减。但如同过去一样，这些冲突仍将作为激烈社会冲突的亮点得以留存。进步主义者也许给了统一和谐的崇美主义一种有力的推动，但如霍勒斯·卡伦（Horace Kallen）和鲁道夫·伯恩（Randolph Bourne）这样的进步主义者则重新激发起关于民族性的公民界定的活力。他们认为，民主是因为群体之间的差异，而不是人为制造的一元化。伯恩写到，美国是一个"文化的联盟"，不是一种盎格鲁-撒克逊遗产的保留地。

在某些方面，"文化多元主义"（cultural pluralism，1924年卡伦使用的词汇）与那些支持"美国价值"的要求一样，也是同样的含义不清、模棱两可——这一概念包括对民主的信仰和对不同群体差异的包容。此外，文化多元主义者对于非白人在美国社会中应处于什么位置竟然不置一语。但他们有效地挑战了东南欧新移民不能变成美国公民的说法，或即便他们能够成为公民，也必须放弃自己的传统而全盘接受盎格鲁-撒克逊生活方式的要求。与此同时，人类学家弗朗兹·博厄斯（Franz Boas），阿尔弗莱德·克罗波尔（Alfred Kroeber）、露西·本尼迪克特（Ruth Benedict）等也从学术上论证了社会群体之间的差别主要来自于历史与经验，而不是生物学意义上的原因，从而挑战了当时流行的观点，即社会或种族内部隐藏着一种区分从"原始"走向"文明"的固定光谱。

但人类学家并不总是能左右公共政策。尽管知识分子普遍接受多元化，但在第二次世界大战之前，这仍然只是一种少数派观点，二战期间，它突然成为美国民族性的一种官方定义。当然，新政时代再度兴起的工会运动和活跃于"统一战线"时代的范围宽广的左翼文化已为多元化的到来铺平了道路。美国产联将因族裔原因而分割的产业工人组织起来，形成了一个具有自觉意识的阶级，提出了范围广泛的对公民资格的社会性界定，强调美国生活方式的多元化和包容性等内容。与此同时，左翼艺术家和知识分子提出了一种新的美国范畴，将美国界定为一个多族裔的、追求多元化的国家（甚至将黑人包括在内）。1940 年，美国的力量深植于多元化和包容性之中的思想已经被广泛传播，乃至于当年共和党的全国代表大会也演唱了厄尔·罗宾逊（Earl Robinson）创作的《美国人之歌》，歌曲对统一战线文化所推崇的多元化价值做了最地道的表述。

唯有在经历了二战动员和与纳粹主义的对决之后，美国主义信条中那种充斥种族歧视的语言才遭到清洗。意大利人、波兰人、犹太人和其他新移民不再被视为特定"种族"的成员，而转化成为带有连字符的族裔美国人，换言之，他们融进了白种美国人的总分类之中。与此同时,自重建以来,黑人的地位也再度成为一个备受关注的国家政策问题,推动这一进程的一方面是黑人自身提出的权利要求,另一方面则是来自美国国内的种族体制与其宣称的国际政策之间所产生的矛盾,美国称自己为捍卫民主和平等,正在与统治种族的邪恶理论进行一场全球范围的斗争。二战甚至也将华人纳入有资格申请归化入籍的人群之中(尽管每年仅 105 人的移民配额表明美国并不期望接受一个大规模的亚洲移民群体)。随着以族裔偏见为基础的美国主义理论被抛弃,罗斯福总统明确地接受了公民性的民族性定义(civic definition)。他认为,做一个美国人,始终是"一件关乎心灵之事",而"绝不是一件关乎种族或祖先之事"——他之所以这样说,更多的是为了动员民众对战争的支持,而不是为了准确地描述美国的传统。冷战的来临则强化了官方对"美国"的界定,即美国是一个由多元民族和种族组成的国家,奉行平等、自由、民主的信念,并对所有期望获得自由的人开放。

民权运动的兴起进一步增强了美国民族性界定中的公民性和包容性价值。民权运动重拾重建时代的无肤色区别的理想主义,从法律上废弃了强加于黑人公民的二等公民地位,以并非巧合的方式推动国籍定额制移民法走向终结。唯有时间在未来可以告知,美国人对公民民族主义的普遍赞同究竟是美国生活中发生的一种永久性改变,还是特定历史时代的一种产物,其中有些时势——包括冷战、一个持续增长并能及时消化新移民的经济、希望消灭种族不平等的共同决心——正在逐渐地消逝。

埃里克·霍布斯鲍姆（Eric Hobsbawm）在他最近出版的20世纪史《极端的年代：1914—1991》中写到，历史学家是"一群职业记忆者，其使命是要记住他们的公民同胞们希望忘却的历史"。美国人时常"忘记"，我们的历史并非是一种辉格党人式的进步历程，不断从自由和平等走向更大的自由和更多的平等，我们的历史是一个有得有失的、更为复杂的故事，权利得到了扩展，但在有的时候也被剥夺；那些曾早已被埋没的思想有可能死灰复燃，幽灵一般地扰乱后来者的安宁。如果我们的历史教会了我们什么的话，那应该是，"谁是美国人"的问题从未有一个固定、简单的回答。我们尽可放心地预测，在21世纪围绕我们的想象共同体的界定将继续引发新的政治冲突和社会斗争。

关于美国自由的故事的新思考

《美国自由的故事》的英文版于1998年出版，至今已有20年。中文版于2002年由历史悠久、享有盛名的商务印书馆出版，16年之后（2018）又推出重印版，为此我深感荣幸。尽管近年来美国的国际影响力有所减弱，但它仍然是当今世界上最显赫的军事强国、经济强国和文化强国；对于美国之外的人民来说，在此时此刻了解我的祖国的历史与它所奉行的价值观，显得更为重要。对每个美国人和美利坚民族整体而言，当他们在审视和界定自我的时候，自由无疑是一个最基本的概念。自从18世纪后期赢得国家独立起，美国人便一直自认为是一个肩负特殊使命的民族，自认为有责任将自由的恩惠带给全人类，并要为海外受难者提供一个逃离压迫的避难所。美国人自然不是世上唯一珍爱自由的人民，在刚过去不久的20世纪里，我们见证了全球范围不同国家中发生的各种争取自由的斗争。然而，因为自由的思想在美国人的生活中占据了如此核心的位置，如果不了解自由在美国发展的历史，一个人便无法真正地懂得美国社会。

尽管许多人把自由看成是一个一成不变的范畴，或一种几乎不因时而异的思想，我在《美国自由的故事》中希望提出的观点却是：自由的内涵总是在不断受到挑战，自由的历史是一个充满辩论、分歧和斗争的故事。在美国历史上，自由的内涵曾有多次改变，即便在21世纪初期，关于它的辩论仍在继续进行。与此同时，谁有权享有自由——我所称的关于自由的"边界"问题——也同样处于辩论之中。在我国历史的大部分时间内，许多人曾被排除在享受自由的范围之外。最为典型的例子当然要数非裔美国人，他们中的绝大多数人在内战结束以前一直处于被人奴役的状态，获得解放后又饱受政治、经济和社会歧视，长达一个世纪之久。同样，美国妇女也曾被剥夺了选举权、接受高等教育的机会以及为获得技能职业而竞争的能力等，这一切长期以来仅为白人男性理所当然地单独享有，但它们正是享有自由的关键要素。其他群体的美国人同样感到没有享受到真正的自由。《美国自由的故事》希望指出的是，这些群体为了争取享有他们所理解的完整自由进行了长期不懈的斗争，而这些斗争正是推动自由在美国历史上不断扩展的力量。无论是反对奴隶制的斗争、女权运动和劳工争取"经济自由"的努力，还是激进派和持不同政见者对言论自由的追求，所有这些"围绕（自由）边界的战斗"都大大扩展了全体美国人共同享有的自由的内容。我之所以写作《美国自由的故事》，目的之一就是要改变美国历史的书写传统，将诸多与旧的主流思想格格不入的声音带入美国史的叙事之中,因为它们都为美国自由的持续扩展做出了贡献。

尽管《美国自由的故事》重点讨论的是国内的社会与政治斗争如何持续不断地改变了美国自由的含义,不可忽略的是,美国与世界其他地区的关系同样也深刻地影响了美国自由概念的界定及其演变。当今世界的经济和文化正在经历一种史无前例的全球化,我们有必要记住:自由的历史是一部实实在在的国际史。例如,在20世纪,美国人所称的"自由世界"与其外部敌人的斗争就曾经有力地影响了美国人的自由观的形成,这些外部敌人先是纳粹帝国,而后又是冷战时期的苏联集团。同样,世界上其他国家的许多人也将美国看作是自由的化身,并竭力追求美国的价值观以及维系这些价值观的体制建构,包括民主的政府、开放的市场经济,以及基于平等公民资格之上的法治等。

美国自由的思想曾经与弱势社会群体争取权利的斗争经历紧密相连,但在过去一代人中,它却逐渐与形形色色的政治保守派的主张合流。目前美国自由的主要定义由一系列的否定性主张(negations)构成——包括对政府责任的否定、对社会责任的否定、对自我界定和消费选择进行限制的否定,以及对一切具有广泛社会目标的活动的否定,因为这些活动可能对资本、自然资源和劳动力自由市场之创造进行干预。然而,这种美国自由的定义最近正在受到挑战,其他的根植于美国历史经历中的自由内容——如作为经济保障和平等机会的自由观等,则开始得以复苏。新自由主义理论将自由市场不受节制的运作视为自由的真谛,曾在20世纪90年代和21世纪初风靡一时,被世界各国政府奉若神明,但2008年的金融危机和尔后的经济衰退却使其核心受到致命的打击。新自由主义给我们带来了自大萧条以来最糟糕的经济危机,但它至今仍然阴魂不散,似乎还在等待借尸还魂的机会。而人们则希望它的失败会打开机会的大门,帮助更多的人接受一种新的自由观。

如前所述,《美国自由的故事》首次出版于20年前的1998年,也就是2001年9月11日的悲剧发生之前;而"9·11"事件则再一次将自由变成美国政治辩论的前沿问题,美国自由的故事也因此增添了一个新的篇章。

2001年,自由迅速成为一种万能言说,同时用来谴责恐怖主义袭击本身并为随即展开的打击"恐怖主义"的行动鸣锣开道。"自由本身遭到了攻击",布什(George W. Bush)总统在"9·11"事件发生10天之后对国会发表演讲时说道。他的演讲与富兰克林·德拉诺·罗斯福、哈利·杜鲁门和罗纳德·里根的演说遥相呼应,所有他的这些前任都曾启用自由的思想来动员公众支持他们需要进行的战争,无论是热战还是冷战。"自由与恐惧在交战,"布什总统说,"人类自由的进步……此时此刻取决于我们的行动。"布什接着说,自由的敌人"憎恨我们享有的各种自由,憎恨我们的宗教自由、我们的言论自由、我们的集会自由以及允许持有不同观点的自由"。在后来的演讲中他反复重述这一主题。他不停地追问：恐怖主义者为什么要对美国发动攻击？他的回答是："因为我们热爱自由，这就是原因。而他们是憎恨自由的。"自然，总统将对阿富汗的入侵命名为"永恒自由"（Enduring Freedom）战役，将随后展开的伊拉克战争称作"伊拉克自由战役"（Operation Iraq Freedom）。但值得注意的是，策划"9·11"袭击事件的奥萨马·本·拉登曾在许多问题上对美国进行谴责——包括美国在伊斯兰教的精神圣地沙特阿拉伯驻军和美国的中东政策等——但他并没有将美国自由作为他向美国发动攻击的理由。尽管如此，如同历史上的战争动员一样，自由成为一种强大的工具，用来动员对军事行动的公众支持。

然而，布什对自由思想的使用与军事行动配合得天衣无缝。2002年，布什政府颁布了一份针对全球军事和政治事务的名为《国家安全战略》的文件，其中宣示了先发制人战争的法则（即美国有权在未来针对任何可能对美国军事霸权形成威胁的国家实施攻击）。有意思的是，文件的开始不是针对武器或地缘政治的讨论，而是一篇关于自由的短文。文章将自由界定为政治民主、表达自由、宗教宽容和自由企业。文章宣称，这些东西"对所有社会的所有人来说都是正当而真实的"。文章完全不考虑其他人民是否会对自由问题有别的想法，或他们会如何对自由问题做出自己的判断。此外,文件还声称,世界上存在着一种个人可在其中享有自由的"单一的并可持续的"社会组织"模式"——美国模式。由来已久的美国信念在这种说法中得到了充分的展示,即我们的国家不仅本身是自由的榜样,而且也有责任去指导世界上其他人民应该如何理解自由以及如何体验自由。

在"9·11"后的七年总统任期内,布什对自由思想的使用之频繁,令人惊讶。在2005年1月发表的第二次总统就职演说中,他勾画出一个新的美国目标——"终结世界上的暴政"。他没有具体讨论伊拉克的形势,却企图通过援引自由的思想来维系公众对伊拉克战争的支持:"自由在我们国内的幸存越来越取决于自由在其他国家的成功。"在2001年的第一次总统就职演说中,布什对"自由"(freedom)、"自由的"(liberal)或"自由"(liberty)等词一共使用了7次。他的第二次就职演说总共只有10分钟,这些词在其中共出现了49次。布什在演说中反复强调,美国的存在代表了自由在世界范围内的胜利。

关于自由的争论在国内和海外再度升温。如同其他战争一样,"反恐战争"重新提出了国家安全与公民自由之间的平衡问题。在恐怖主义袭击发生之后不久,国会匆匆通过了《美国爱国者法》。该法律篇幅冗长(长达300多页),参众两院绝大多数的议员在投票之前甚至没有机会将它通读一遍。它赋予执法部门一系列前所未有的权力,以预防新的但定义模糊的"国内恐怖主义"

的犯罪活动，包括在被怀疑人不知情的情况下对其实施窃听、秘密监视、拆阅其信件、阅读其电子邮件以及从大学和图书馆等第三方获取其使用记录的权力。至少有5000名与中东地区有关联的外国人遭到围捕，有1200多人被正式逮捕。许多人与恐怖主义没有任何关联，却被无辜关押达数月之久，既没有遭到正式起诉，也不被告知他们未来的命运究竟如何。

2001年11月，布什政府颁布了一道行政命令，授权秘密军事法庭将那些被认定为协助了恐怖主义活动的非美国公民进行审讯和关押。在这类审讯中，犯罪嫌疑人应该享有的选择律师和审阅所有证据等传统的宪法保护措施都被取消了。20世纪70年代，各地法院曾因中央情报局、联邦调查局和地方警察的滥用权力而颁布了一些法庭禁令和规则，但在2002年，许多这样的禁令和规则或被取消，或被废除，从而使这些机构能够在不出具犯罪证据的前提下恢复它们过去对美国人实施监控的做法。与此同时，布什政府的律师向总统保证说，作为全国武装力量的总司令，总统拥有的宪法权力允许他无视国内国际法的相关规定，可以对被称为是"敌方战斗人员"的嫌疑人采用包括酷刑在内的审讯手段，以获取信息。当虐待囚犯的消息被最终曝光之后，美国的国际名声不可避免地受到重创。

尽管如此，大量的美国人接受了政府在"9·11"事件之后对自由所施加的种种限制。这一反应应当提醒人们：在恐惧气氛的胁迫之下，必要性完全可以被用来破坏对自由的捍卫。这种反应同时也凸显了我在《美国自由的故事》中提出的另一个重要观点——对公民自由提供坚强的保护并不是美国"文明"一种永久性的或与生俱来的特征，而只是一项新近获得并仍然十分脆弱的历史成就。在所有国家中，公民自由既不是自动生效的，也不是自动矫正的。自由的代价是保持永久的警惕，在危机时刻尤其如此。

无疑，美国人拥有一种进行激烈政治辩论和持有不同政见的传统，这种传统也是我们民主的一个根本组成部分。但不太为人所知的却是这样一个事实：如同《美国自由的故事》所指出的，直到 20 世纪后期之前，对允许政治辩论和政治异见这一理想的坚持，与对那些被认定为是激进的和淫秽的言论的严酷限制，是同时并存的。布什政府的政策让人想起从前的同类做法——1798 年的《惩外治乱法》、一战期间对不同政见的大规模镇压、二战期间对日裔美国人的关押等。这些事实提醒我们，将某些不受欢迎的信仰或某些美国人群体以"不爱国"的方式污名化，并因此认定这些思想和群体不值得享有宪法保护的做法是极其危险的。几桩鲜为人知的最高法院判例——方粤廷诉美国案（*Fong Yue Ting v. U.S.*，1893 年，音译）、20 世纪初的海岛案（*Insular Cases*，1901 年）和二战时期的是松诉美国案（*Korematsu v. U.S.*，1943 年） 等——在反恐战争初期一夜之间突然从历史中走出，变得与现实密切相关。因为在这些案例的判决中，最高法院几乎给了政府一张任意行使权力的空白支票，允许政府以军事需要为由来处理外国人事务和终止某些公民群体的具体权利。正如《美国自由的故事》所提到的，我们不应该忘记这些法庭判例中的那些令人警醒的少数派意见。在方粤廷案的判例中，多数意见准允将中国移民不经正当法律程序就递解出境，布鲁尔大法官则警告说，这一权力此刻被用来反对那群被许多美国人视为是"令人厌恶的"人，但"谁能保证它明天不会被用在反对其他阶级和其他人群身上呢？"是松诉美国案的多数派判决认为对日裔美国人进行囚禁的做法是合宪的，但罗伯特·杰克逊大法官则警告说，该案的判决"如同一件上了膛的武器，可被任何权威假以任何一种令人怀疑的紧急需要的理由，随手启用"。

也许，最高法院对这些先例早已铭记在心，所以它在布什政府期间采取一些措施，以保护这些不受欢迎的美国人群体的自由，尽管布什总统企图限制他们的自由。2003年的一项重要案例虽然与反恐战争并无关联，但证实了《美国自由的故事》的一个基本观点——自由的内涵总是面临不断的辩论并不断得以扩展的。在劳伦斯诉得克萨斯案（*Lawrence v. Texas*）中，最高法院以6∶3的多数将得克萨斯州的一部将同性恋行为视为犯罪的州法宣布为违宪。由安东尼·肯尼迪大法官执笔写成的判决书指出，当今自由的思想不仅包括了"思想自由、信仰自由和表达自由"，还包括了"亲密行为"的自由。这项判决对于女权和同性恋运动来说是一个胜利，两者都曾为了将自由延伸进个人生活最私密的领域之中而长期奋斗。该判决为随后在 2015 年宣判的奥伯格费尔诉霍杰斯案（*Obergefell v. Hodges*）做了铺垫，后一个判决要求各州承认同性恋伴侣有合法结婚的权利。最高法院的保守派大法官坚持认为，宪法解释必须建立在建国之父们制定宪法的"原始意图"之上，或基于对宪法文本的严格解读之上，但在这两个判决中，肯尼迪大法官对此看法予以拒绝。相反，肯尼迪大法官重申，美国宪法是一部与时俱进的鲜活文献，它对公民的保护随着社会的变化而不断扩展。"自由的新维度对于新一代人来说变得十分明显，"他在奥伯格费尔案的多数派判决意见中写道，"这种变化通常是通过以抗议开始的角度发起的……写作权利法案和第十四条宪法修正案的那两代人不会想象自由延伸范围的所有维度……当新的观察将宪法的核心保护与一个既定法律建构之间的矛盾暴露出来之时，关于自由的诉求必须得到（法院的）回应。"

对于布什总统所称的他作为武装力量最高统帅可以无视法律和国际条约、可以终止对个人自由的宪法保护的说辞，最高法院也没有照单全收。在一系列的案例判决中，最高法院再次强调了法治对于美国公民和被美国监禁的外国人的适用性。在 2004 年拉塞尔诉布什案（*Rasul v. Bush*）的判决中，最高法院准允一个被关押在古巴关塔那摩湾美国监狱的英国公民在联邦法庭对他的监禁提出挑战。在同年的哈姆蒂诉拉姆斯菲尔德案（*Hamdi v. Rumsfeld*）中，最高法院对亚萨·哈姆蒂的案例表示了关注。哈姆蒂是美国公民，曾移居沙特阿拉伯，后来在阿富汗被捕。他被关押在南卡罗来纳州的一个军事监狱中，既没有被起诉，也无权获得律师的帮助。最高法院判他拥有接受司法听证的权利。"当面对这个国家的公民权利问题的时候，"大法官桑德拉·戴·奥康纳在 8∶1 的多数派判决意见中写道，"战争状态不是给总统开出的一张空白支票。"即便是最高法院最著名的保守派大法官安东宁·斯卡利亚也拒绝接受布什总统的理由，将总统拥有对公民随意实施监禁的权威视为是与"自由的核心价值"背道而驰的做法。布什政府则在法庭声称，哈姆蒂过于危险而不能被允许获得司法听证的机会，政府最终允许哈姆蒂以放弃美国公民资格为前提条件离开美国，返回沙特阿拉伯居住。最高法院随后宣布，总统无权单方面设置不为被告人提供权利保护的军事法庭。多数派的判决意见指出，国会从未授权建立这样的军事法庭，它们事实上违反了《日内瓦公约》对战俘提供的保护，而《日内瓦公约》在最高法院法官的眼中属于适用于美国国内的法律。

这些法院判决生动地展示了制宪者们想象中的权力分立的实践，再次证实了最高法院拥有监管总统行动的权利和责任。不寻常的是，这些决定是在（反恐）战争时期做出的。最高法院曾在一战和二战期间分别支持对持不同政见者和日裔美国人的监禁。

从前的最高法院只是在和平来临之后才开始行使自己的权威。但因为布什声称拥有的总统权威过于宽泛，司法部门的反应自然是在所难免的了。

到 2008 年总统大选之时，随着经济衰退的开始，伊拉克战争在美国变得很不得人心。布什总统的支持率在百分之二十到百分之二十五之间徘徊——这是自民意测验开始实施以来出现的最低水平。令人印象深刻的是，在当年的总统竞选中，无论是共和党候选人约翰·麦凯恩，还是民主党人巴拉克·奥巴马，都不经常使用"自由"这个词。这种做法在美国显得极为另类，因为美国历史上的每种政治运动都企图将自己与自由的理想联系起来。也许，那些对布什政府和对其不停使用"自由"来粉饰自己错误决策的做法感到极为厌恶的人觉得这个词已经丧失了应有的信誉。

2008 年选举的最重要结果是美国第一位黑人总统的当选，这象征着 20 世纪 60 年代的民权革命如何深刻地改变了美国社会。奥巴马在 2012 年得到了一个极为有力的大多数的支持而获得连选连任。有意思的是，在任职期间，奥巴马并不经常将自由挂在嘴上（唯一的例外是，当他需要向阿富汗派出更多的军队以结束这场似乎永无止境的战争而动员公众支持的时候）。奥巴马喜欢使用其他的概念，如"社区"（community）、"平等"（equality）和"兄弟情谊"（fraternity）等，而不太喜欢用"自由"。在 2009 年 1 月的第一次总统就职演说中，奥巴马总共使用了 4 次"freedom"或

"liberty"的字眼。但他对那种以自由为名在美国风行了30年之久的"贪婪和不负责任"的文化直接发起挑战。他同时也承诺，美国与世界的关系将依赖对话和外交，而不仅仅是企图将美国的自由价值观强加于全球。

奥巴马的总统任期拥有许多的成就，包括将美国从2008年开始的金融危机的深渊中拯救出来，并使数百万美国人享有了先前不曾享有的医疗保障。但一位黑人主掌白宫的现实，加上拉美和亚洲移民的增加给美国社会带来的持续多元化趋势，在一部分白人美国人心中激发起了种种充满恐惧的黑暗想象，他们担心自己十分熟悉的那个美国正在迅速消逝。2016年，一个没有任何从政经历的商人唐纳德·特朗普先是赢得了共和党总统候选人的提名，随后在大选中战胜了前国务卿希拉里·克林顿，最终赢得了总统职位。这一消息极大地震撼了美国和全世界。特朗普在竞选中就种族怨恨（racial resentment）的问题大作文章，有效利用了一种极为不满的大众情绪，即认为从衰退中出现的经济复苏并没有能够使数百万的普通美国人——尤其是那些居住在日益衰败的制造业社区的普通美国人——受益。如同奥巴马一样，特朗普也不经常谈论自由——他更喜欢谈论军事和经济强权，他尤其反对那种美国应该按照自己的形象来重塑他国的思想；他甚至认为美国根本无需去管他国的闲事，或对其他国家的人权行为说三道四。他宣扬的是"将美国放在首位"。他的国内国外政策的特征，是捍卫和追求美国的自我利益,而不是捍卫与追求自由。

特朗普的政治观包含了一种强烈而鲜明的种族化成分。他将来自墨西哥的移民斥为杀人犯和强奸犯,宣称要在与墨西哥交界的漫长边界地带修建隔离墙来禁止无合法证件移民进入美国,并希望以此来动员民众的支持。他在美国政坛所做的第一件引人关注的事是领导了一场质疑奥巴马的出生地的运动,他指称奥巴马总统不是一个真正的美国公民,因为他是在非洲出生的(事实上,奥巴马出生于夏威夷州)。这种指控使人想起关于自由的种族化定义。它也使人想起一种曾盛行于奴隶制时代、但在近代已经遭到唾弃的思想,即黑人是外国人并且永远不可能成为真正的美国人。特朗普的竞选还诉诸另外一种长存于美国文化中的思想——非白人的权利的扩展会对白人美国人享有的自由形成威胁。特朗普的思想将如何在他任期内变成行动,还有待观察。但他的当选再次表明,来之不易的自由绝不能被视为是理所当然的赐予。

今天,美国自由的未来如同20年前《美国自由的故事》最初写就时一样,仍然处于一种备受争议和不确定的状态。如同在过去不同的历史时刻,许多美国人继续相信,我们国家的政策和体制具有普世性,即它们代表了其他国家应该仿效的模式。但值得指出的是,美国人关于自由的各种定义是一个特定国家历史的产物,如今关于自由的主导思想并不是美国传统中关于自由的唯一理解。一个国家从另外一个国家的历史中汲取经验教训是没有错的，但国与国之间的学习应该是双向的。这也是为什么托马斯·杰斐逊在《独立宣言》中加入这样的宣示，（我们）需要"对人类的种种意见……（表示出）一种真诚的尊重"。今天，对于美国人来说，更为重要的是应该意识到，关于自由问题的讨论必须成为针对我们自己的力量与弱点的一种坦率的评估，而不是一种沾沾自喜的自我欣赏——应该是一场与全世界的对话，而不是一种关起门来的自说自话。我希望，《美国自由的故事》能够帮助新一群读者获取一种对美国历史的更为精细、更为成熟的欣赏。也许《美国自由的故事》还可以帮助激发一场关于自由的过去和未来的国际对话，我衷心希望所有国家的人民都能从对话中受益。

2018 年 4 月于纽约市

附录一　回顾我的学术人生*

这个研讨会真的给我一种毕生仅此一次的体验。我甚至发现自己处在一种很不习惯的失语状态——虽然这只是一种暂时的现象。

首先,我要感谢本次会议的组织者——筹备委员会的玛尼夏·辛哈(Manisha Sinha)、艾明如(Mae Ngai)和金·菲利普斯-费恩(Kim Phillips-Fein)——的辛勤付出,并感谢林赛·戴顿(Lindsey Dayton)为会议的后勤工作所做的有效得当的安排。我同时希望感谢历史系的诸位工作人员——尤其是帕特里克·麦克莫罗(Patrick McMorrow)和帕特·莫里尔(Pat Morel)——以及历史系的学生志愿者们,是他们的帮助使得过去两天的活动进行得井然有序。

当然,我要感谢我的妻子琳恩·加拉福拉(Lynn Garafola)和我的女儿达莉亚(Daria)。许多年来,她们从来都是慷慨而兴高

---

* 此文为方纳教授于2017年4月在哥伦比亚大学历史系为他举行的学术成就致敬会议上的致辞。题目及文中注释为译者所加。

采烈地欢迎每一个加入我们家庭的新成员：亚伯拉罕·林肯、"地下铁路"、关于自由的思想等。我尤其要特别提到琳恩的贡献。她是一个很有成就、具有开拓精神的学者，也是我所认识的文笔最优雅的作者之一，她本人的写作以及她在文字编辑方面展现的高超技艺极大地影响了我的写作。

我同时也希望借这个机会向我在哥伦比亚大学历史系的同事们表示感谢。多年来，我们在一起共事，密切合作。他们中的许多人今天也在场，包括芭芭拉·菲尔兹（Barbara Fields）、贝茨·布莱克默（Betsy Blackmar）、艾拉·卡兹纳尔逊（Ira Katznelson）、艾伦·布林克利（Alan Brinkley）、爱丽丝·凯斯勒－哈里斯（Alice Kessler-Harris）、肯·杰克逊（Ken Jackson）和凯西·布莱克（Casey Blake）；还有其他的美国史学者以及来自其他领域的同事们，包括帕米拉·史密斯（Pamela Smith）、伊萨·沃洛克（Isser Woloch）、卡罗尔·格拉克（Carol Gluck）和其他许多人。我也在此向哥大图书馆的同人们致谢。在我的整个学术生涯中，我在哥大的众多图书馆中度过了难以尽数的美好时光。

令我尤其感到开心的是，我今天在这里见到许多原来的博士生。你们中的很多人十分熟悉我在费耶韦瑟楼[1]里的办公室，也看见过办公室里我收藏的那些与历史相关的纪念品——譬如那个

---

[1] 费耶韦瑟楼（Fayerweather Hall），哥伦比亚大学历史系所在地。

摇头晃脑的林肯雕像，还有从各地历史遗址寻来的精巧的纪念文化作品等。然而，办公室里令我最为引以为豪的是那一排长长的放满我学生的著作的书架（现在这排书架已经延伸成一排半了），我曾经指导过这些作者的博士学位论文。你们中有不少人在不同场合听我说过这样一句话：带一个博士生，就如同被判了一次无期徒刑，但这是一种我非常愿意接受和承担的徒刑。尽管我的学生早在10年、20年甚至30年以前就已经获得了博士学位，但直到今天，我仍然在为他们中的有些人写推荐信，提供各种咨询意见。坦率地讲，能有机会与如此的极有天赋的博士研究生一起工作，从他们那里学到许多我原来并不知道的历史知识，我感到极为幸运。他们从遥远的世界各地——从中国、意大利、德国、澳大利亚、印度、日本和巴西——和美国各地的大学来到哥伦比亚大学，看到他们在毕业之后首先是找到了一份有收入的教职，随后以自己的学术成就在世界各地变成了备受尊重的历史学家，我的内心有一种难以言表的成就感。

几年前，美国历史学家组织在年会上为我的著作《重建》举行了一个专门的研讨会，以纪念该书出版25周年。讨论会开始的时候，凯特·马舍尔（Kate Maser）教授宣布了小组讨论会的发言规定：每位发言人将集中讨论该书的某一个方面。之后她转过身来对我说："埃里克，你要对所有发言人的评论做出回应，或者讲点故事。"凯特知我：我的确是挺喜欢讲故事的。

参加今天的会议，我感到心里好像在放映一部电视连续剧，剧名就叫作《回顾你的人生》(This is Your Life)，我的生命历程被一段一段地展现在自己面前。我不由得想起一些对我的学术生涯产生过重要影响的人和事。我想从我父母开始说起。我想他们今天要是在场，一定会十分享受这样的时刻。正如你们昨天从南希·方纳[2]的发言中听到的，我是在一个被称为"老左派"(Old Left)的家庭中长大的。我在成长过程中从家族讨论中吸收的思想对我日后作为教师和历史学者的学术生涯产生了深刻的影响。这些思想包括——富有活力的劳工运动对于美国民主是至关重要的；种族不平等是美国社会面临的最大挑战；历史的故事应该包括那些曾经为创造一个更好的社会而努力奋斗的普通男女的经历，而不止是政治家和工业领袖们的辉煌业绩。保罗·罗伯逊和杜波伊斯是我父母的朋友。[3] 我的叔父编撰了托马斯·潘恩[4]和弗

---

[2] 南希·方纳（Nancy Foner），社会学家，亨特学院杰出社会学教授，埃里克·方纳教授的堂妹。

[3] 保罗·罗伯逊（Paul Robeson, 1898—1976），著名美国黑人歌唱家和民权运动积极分子。杜波伊斯（W. E. B. Du Bois, 1868—1963），著名美国黑人历史学家、思想家、社会学家和作者。1959—1962 年曾三次访问中国。

[4] 托马斯·潘恩（Thomas Paine, 1737—1809），英国出生，后成为美国革命时期的著名思想领袖，其写作的《常识》等著作关键地推动了北美殖民地走上与英国决裂的道路。

雷德里克·道格拉斯[5]的思想作品，我的父亲撰写了在美国军队中服役的士兵的经历。

但我也需要强调一点，尽管在纽约市的左翼圈子里，方纳家族四兄弟[6]算是一个小有名气的明星群体，但我必须承认，在家族聚会的讨论中，男性往往主导了关于重大话题的辩论，如中苏分歧等。我母亲莉莎·方纳（Liza Foner）是一个心直口快并极具创造力的人，我们家庭内部奉行的一项原则是，母亲作为艺术家的工作与父亲作为历史学家的工作同等重要——这一原则无疑在家里树立起一种强大的女权主义教育的榜样。因为父母的原因，我成长的环境也始终充满了艺术和文化因素的影响——这些影响不光是来自母亲的画作，还有全家每个周六从长滩[7]到曼哈顿城的旅行，或者是去参观博物馆，或者是到纽约艺术中心去看纽约芭蕾舞剧团的演出；周六下午要打开收音机，听大都会歌剧院的表演等（但令我父母时常感到烦恼的是，我少年时代的文化品味

---

[5] 弗雷德里克·道格拉斯（Frederick Douglass，1817—1895），生为奴隶，逃脱奴隶制后加入废奴主义运动，成为19世纪美国最著名的黑人思想家和演说家。

[6] 方纳家族四兄弟（The Foner Brothers）指：菲利普·方纳（Philip S. Foner, 1910—1994，美国著名劳工史学家，林肯大学历史系教授），杰克·方纳（Jack Foner, 1910—1999，历史学家，科尔比学院历史系教授，埃里克·方纳的父亲），莫·方纳（Moe Foner, 1916—2002，社会学家，亨特学院社会学教授，南希·方纳的父亲），亨利·方纳（Henry Foner, 1919—2017，高中教师、纽约市工会领袖）。

[7] 长滩（Long Beech），纽约市郊长岛的一部分。

与他们期待的不同，相对于普契尼的歌剧《波希米亚人》来说，我更喜欢比尔·黑利[8]的音乐和太空中的彗星）。我后来写作的美国史教材读本中通常带有大量的艺术作品画面——油画、雕塑、芭蕾舞的照片等——其目的是向学生传输一种潜移默化的信息，即他们需要学会欣赏艺术作品。在道德榜样方面，父母也为我树立了一种高标准，我指的是敢于坚持原则的决心和不怕挑战现状的勇气。父母因为自己的政治信仰都受到过政治迫害。我父亲从1941年到60年代中期都被列入黑名单，禁止到大学任教，母亲也丢掉了中学美术老师的工作。与其他一些人不同的是，我父母拒绝为了保全自己的职业生涯而出卖别人，他们也从来不让自己遭遇的痛苦转化成为怨恨，或者因此而丧失对理想主义的信仰与追求。

我是1959年进入哥伦比亚学院的。[9]当时的哥大本科部全是男生，并几乎是清一色的白人，学费是800美元一年。我当时的理想是要成为一名天文学家，直到大三才决定转系，改修历史。做出这一决定的主要原因是我跟着詹姆斯·申顿教授[10]上

---

[8] 比尔·黑利（Bill Haley，1925—1981），著名美国摇滚乐歌手。

[9] 哥伦比亚学院（Columbia College），原名King's College，哥伦比亚大学本科生部。

[10] 詹姆斯·申顿（James Shenton，1925—2003），哥伦比亚大学历史系著名教授，曾获得哥大"伟大教师"称号。

了一年的美国内战与重建研究课。申顿是一个颇具传奇色彩的老师。算起来,教会我做历史的一共有三个人,申顿是其中一个,但第一人应该是我父亲。父亲是一个独立学者,他的谋生之道就是讲授历史和世界事务。他在讲课中通常强调历史学如何在过去与现在之间建立起一种鲜活的联系——如麦卡锡时代的政治迫害与18世纪末的《惩外治乱法》和一战后的"恐红运动"之间的关联何在,人们应该如何通过废奴运动和重建时期在奴隶制废墟上建设一个公正社会的历史棱镜来理解现代的民权革命等(这场革命在我读大学的时候正在展开)。他讲课时常以《纽约时报》近期刊登的文章作为引子,然后讲述历史如何塑造了现在——我从他那里借鉴了这种方法,听过我课的人应该都熟悉我的这种授课方式。

接下来引导我走上专业历史学家之路的是哥大的两位历史学家。他们两人风格的不同只能用天壤之别来形容。申顿是一个浑身上下都散发着克里斯玛气息的老师,但他的魅力远不止如此。他是一个和平主义者,二战时期拒绝拿枪作战,但以一名医护人员的身份参战。他曾作为美军先头部队的一员,在纳粹逃离之后,比其他人更早进入纳粹集中营里。他在那里所见证的一切人间悲剧促使他决心要研究人类针对同类施行非人类待遇的历史。在美国的背景下,这就意味着要研究美国的奴隶制及其后果,尽管当时的历史系主任曾多次劝告他,说他在这个令人不舒服的题目上花了太多的时间。作为一名优秀的老师，申顿总是能够将对历史题目的激情传递给学生，好的教学应该以此为起点。当然，学生们对吉米（詹姆斯的昵称——译者）也很忠诚，而他们的忠诚也从来不会因为他的一个习惯而打折扣——他每周总是会带领一组研讨课的学生去格林威治村吃晚餐，并且在去的路上总是要在格里布小姐面包店（Miss Grimble's Bakery）买一些点心做甜品。申顿讲过一句名言，绝不能让学生买单（至少在他或她拿到博士学位之前）——我后来一直力图实践他的这一原则。

最后一位导师是理查德·霍夫斯塔特[11]，他是我的博士学位论文指导老师。霍夫斯塔特与申顿不同，他不喜欢讲课，但我所知道的所有关于历史写作的本领几乎都是从他那里学来的。在座的许多人都听我提到过霍夫斯塔特的两句名言——"与动词开战"（make war on the verb to be，即在写作中尽量避免使用被动语式——优秀写作的关键在于善用动词）；以及"百分之九十的写作来自不断的重写"（90 percent of writing is rewriting）。这些话应该成为我们终身铭记的治学格言。霍夫斯塔特指导我去关注那些

---

[11] 理查德·霍夫斯塔特（Richard Hofstadter, 1916—1970），最负盛名的美国历史学家之一，哥伦比亚大学历史系教授，曾两次获得普利策奖。

后来影响了我写作的宏大问题——政治与社会之间的关系，政治文化的演进，激进和改革运动的历史等。虽然我对这些问题的回答与他不同，但在半个世纪之后，我研究的问题仍然是所谓的"霍夫斯塔特问题"。

还有一句我铭记在心的霍夫斯塔特名言——绝对不要停止学习。霍夫斯塔特对新思想和新方法从来都是抱着一种开放的态度。他从不炒冷饭。他提倡过但后来又抛弃了美国史研究中的"共识学派"方法论。20 世纪 50 年代，他从社会科学领域中汲取思想与方法；但在他生命的尾声，他的写作开始反映出正在出现的新社会史的影响力。我也总是力图吸收新的思想和研究方法。我的博士学位论文《自由土地、自由劳动、自由人》是一部政治史和思想史，反映出霍夫斯塔特和当时其他哥大历史学家们对我的影响。25 年之后，当牛津大学出版社再版该书时，我重新写了一个前言，其中大量采用了女权主义史学的研究成果（包括使用了我的同事贝茨·布莱克默和爱丽丝·凯斯勒-哈里斯的著作），这些新的研究探讨了隐藏在"自由劳动"思想中的关于社会性别的预定假设，而我在最初写作该书时并没有意识到它们的存在。我的第二本书是关于汤姆·潘恩的研究，它扩展了我研究政治史的方法，包含了众多的英国和美国革命时代的社会史内容，反映出埃里克·霍布斯鲍姆和 E. P. 汤普森两人对我的影响。[12]我是在 20 世纪 70 年代初在英国做研究的一年中认识他们两人的。我的《美国自由的故事》一书则是受到关于语言与历史意识之间关联的研究的强烈影响,当时这一领域方兴未艾,我的好朋友加雷恩·斯特德门·琼斯(Gareth Stedman Jones)的著作《论关于阶级的两种话语》(*Languages of Class*)对我的影响尤其大。

从表面上看,我的学术生涯似乎是一帆风顺,但我想强调的是,机缘巧合、偶然事件或者纯粹的运气对我写作产生过巨大的影响。我第一次在哥大历史系任教是在 1969—1972 年间。当时,作为一名年轻的助理教授,我在系里的位置就像是罗德尼·丹泽菲尔德(Rodney Dangerfield)所扮演的那个角色——无人看重。当时,哥大文科各系的博士学位论文答辩除了有 5 个答辩委员参加之外,还需要有一个来自外系的观察员在场。历史系主任约翰·芒迪(John Mundy)经常以资历最浅的理由派我去其他系充当观察员,参加那些谁都不感兴趣的博士论文答辩——我尤其记得有一篇政治学系博士学位论文的题目是关于比利时报界与布尔战争的关系;另外一篇英语系的论文则是讨论爱默生写作中的树

---

[12] 埃里克·霍布斯鲍姆(Eric Hobsbawm,1917—2012),著名英国历史学家;E. P. 汤普森(Edward Palmer Thompson, 1924—1993),著名英国劳工史学家,新社会史和新劳工史学派领袖人物。

木意象问题——是的，专门讨论爱默生的著作中对松树、枫树和其他树分别提到多少次等。1972年，系里告知我不要期望获得终身教职职位、需要另谋出路。没有想到，这一变动居然让我走了大运。当时赫伯特·古德曼[13]刚刚出任纽约市立学院历史系的主任，他立刻邀请我加盟。我在市立学院一待就是10年，从古德曼和他招募的一群年轻而具有活力的历史学家那里学到了大量的关于社会史和劳工史的新知识。

许多年之后，一位哥大历史系的本科生麦德琳·刘易斯（Madeline Lewis）将另外一个意想不到的运气带给我。麦德琳身兼数职，她的其中一件工作是帮助我们家遛狗。有一次她对我提到，哥大图书馆的珍本与手稿文献部收藏了悉尼·霍华德·盖伊[14]的档案，其中有一部几乎无人知晓的与逃奴相关的笔记本。如果不是她对我提及此事，我可能永远也不会写《自由之路》这本书。然而，我的最大运气来自更早的一个时候。1975年，我在毫无思想准备的情况下突然接到历史学家理查德·莫里斯[15]的

---

[13] 赫伯特·古德曼（Herbert Gutman, 1928—1985），著名美国劳工史专家，新社会史的著名旗手之一。

[14] 悉尼·霍华德·盖伊（Sidney Howard Gay, 1814—1888），美国律师、废奴主义者，曾任废奴主义报纸 *National Antislavery Standards* 主编（1843—1857）。

[15] 理查德·莫里斯（Richard B. Morris, 1904—1989），著名美国殖民地史和宪政史专家，哥伦比亚大学历史系教授。

电话，他当时是哈珀出版社出版的"新美国国家史丛书"的联合主编，问我是否愿意为丛书写一部关于重建的历史。我接受了邀请，开始以为大概会花两年的时间来阅读现有的研究成果，然后在此基础上写出我自己的叙事。但这个项目最终花费了10年的时间。因为这个项目，我有了去南卡罗来纳大学做一年访问教授、并在南卡和全国其他州的档案馆来回穿梭做资料研究的机会。即便在这本书出版多年之后，我仍然无法逃离重建这个题目——20世纪90年代，我负责策划了一个关于重建历史的流动展览，为公共电视台制作的一部重建历史纪录片担任史学顾问，并与玛莎·琼斯（Martha Jones）教授合作，定期为中学历史教师举行关于重建史的暑期研习班，后者是由吉尔德-莱尔曼研究所（Gilder-Lehrman Institute）赞助的公共教育项目。此外，我还与其他人一起，花了整整16年的时间，游说联邦政府授权建立一个纪念重建历史的国家遗址。2017年12月，奥巴马总统做出决定，指定在南卡罗来纳州的博福特[16]建立遗址。我们的呼吁终于取得了成功。

---

[16] 博福特（Beaufort, South Carolina）位于美国南卡罗来纳州沿海诸岛中的皇家港岛上。美国内战和重建时期，当地非裔美国人曾在联邦军队的配合下，耕种奴隶主弃置的土地，参与政治活动，企图在奴隶制的废墟上建立经济独立和政治自治，但这一项目在安德鲁·约翰逊总统接任遇刺的林肯之后被终止。2017年美国联邦国家公园管理局决定在此建立重建时代纪念碑（Reconstruction Era National Monument）。

如果我们国家的历史上有任何一个时期,因其名称的相关性而经常遭致滥用,那必定是"重建"(Reconstruction)无疑。今天困扰我们社会的一系列政治和经济议题——如谁拥有资格成为美国公民和拥有公民权利、围绕投票权的争论、政治民主与经济民主的关系、建构跨种族政治联盟的可能性,以及如何正确地应对恐怖主义等——实际上都是重建时代的问题。重建也提供了一个关于历史研究政治性的生动样板,即历史学家对历史的解读如何在反映他们所生活时代的政治的同时,又反过来影响了他们所处时代的政治。传统的"唐宁学派"发端于本校(哥伦比亚大学),曾经主导了美国史学界关于重建的思考长达半个多世纪之久。它将重建视为是一个肮脏可耻、腐败堕落的时代,其原因是重建错误地将黑人纳入平等参与美国民主的政治中来。这种历史解读是支撑"吉姆克劳[17]南部"体系的思想之一,它所提供的历史教训是非常清楚的——南部白人应该坚决抵制任何改变种族关系现状的企图,尤其不能恢复非裔美国人被剥夺的选举权,否则传说中的重建恐怖与悲剧将会再度发生。20世纪五六十年代的民权革命彻底否定了这一种族主义式的史学解读。虽然这种重建史观早已被历史学家所抛弃,但它在大众的想象中依然发挥着强大的影响

---

[17] 吉姆克劳(Jim Crow)指南部的种族隔离制度。

力。今天，重建的话题再度回到公众讨论中，因为人们担心我们处在另一个"救赎时代"[18]的边缘，人们害怕自己的权利会像在19世纪末期那样被再次剥夺。对重建史的研究帮助我再次意识到我从父亲、申顿教授和其他人那里学到的一些事情的重要性——历史至少部分地是一门带有道德目的的学问，因为它最终面对的是我们究竟希望美国成为一个什么样的社会。

我的记忆也浮现出许多与海外经历相关的时刻。我对1993—1994年在牛津大学担任哈姆思沃斯讲席教授的经历记忆犹新。记得当时我开始为讨论美国自由的著作进行研究，以赛亚·伯林爵士[19]的家与我们的住所在同一条街上。有一次我们约定第二天见面交谈，我当天晚上在饭桌上提及此事，我女儿达莉亚——当时她只有6岁——问我要与柏林讨论什么问题。"自由"，我回答说。她想了一下，然后说，"那你能不能问问他，如果一个人可以选择自己的主人，那他是自由的吗？"我觉得这是一个比较复杂的问题，但伯林并不这样认为。当我向他提出达莉亚的问题后，他的回答只有一个字："No"（不自由）。也就是在那一年，"自由"

---

[18] "救赎时代"（the era of Redemption），指1873年至1877年重建后期，南部州政权逐一从共和党人手中转移到推崇白人至上思想的民主党人手中的过程。

[19] 以赛亚·伯林爵士（Sir Isaiah Berlin, 1909—1997），出生于俄国，英国哲学家、思想家，牛津大学教授。

的思想进入达莉亚的心灵之中。1994年4月,作为美国历史学家组织主席,我计划前往亚特兰大参加年会。达莉亚听说年会上有一个专门为我举行的盛大聚会,表示她也要一同前往。我告诉她这是不可能的,我觉得一个历史学家的庞大会议对她来说肯定是极度的索然无味。但她坚持要去。不一会儿,我们居住的哈姆思沃斯公寓的墙上贴满了用胶带粘贴起来的大字报,上面写着她的话——"妇女应该拥有她们的权利","我在自己家中没有自由"。这些东西指的是什么?我问道。她回答说:"这是我的抗议。"

我也生动地记得一些我在见证历史而不是在书写历史的时刻。1990年,我在莫斯科国立大学担任访问学者一年。戈尔巴乔夫当时还在掌权,但苏联体制已经明显地处于崩溃瓦解之中。新闻审查制度终结之时,公共辩论如雨后春笋般到处涌现,几乎所有的问题——民主、经济改革,尤为突出的是,历史问题——都卷入辩论之中。看到成千上万的苏联人民异常兴奋地通过新的方式来与历史对话,我更坚定了自己的信念:历史对于一个社会的自我意识是极为重要的。4年之后,我应邀到南非去做一个主旨演讲,时间正好是南非历史上第一次民主选举和纳尔逊·曼德拉(Nelson Mandela)就任总统的一个月之后。南非人民排着长队、耐心地等待投下他们人生第一张选票的照片传遍了全世界,这个情形令我想起美国重建时代的相同画面。我的演讲题目是关于自由的,讲完之后,我与开普敦大学校长和所有的听众一起,点亮了一把象征自由的火炬。在 20 世纪 50 年代，为了抗议政府的种族隔离政策，南非所有大学的自由火炬都被熄灭了。自由火炬的重新点亮以强有力和令人感动的方式展示了过去与现实之间的密切联系。

历史学家当然也是公民中的一员，回想我在哥伦比亚大学度过的许多年的时光，我可以很骄傲地说，我曾经多次与其他人一起努力，帮助改进了本校的政策。作为本科生，我协助在哥大建立了一个学生政治社团，名叫"行动"（Action）。我们所取得的许多成就之一，是说服校外住房部在校外房源公布栏上禁止张贴带有种族排他性语言（如"只出租给白人"）的招租信息。作为一个研究生，我也在 1968 年哥大的学潮中贡献了自己的力量。我不认为一个教授在获得终身教职之后应该放弃对抗议活动（activism）的参与；终身教职的意义在于允许教授能够自由地表达自己的看法而不必担心受到惩罚。然而，仍有为数不多的人的确因此受到了惩罚。哥大本科生曾在汉密尔顿楼[20]前组织了一场封锁行动，目的是给校方施加压力，要求校方切割与实施种族隔离政策的南非之间的关系，他们的具体要求是要校方卖掉那些与南非做生意的美国公司的股票。学生们选择我担任他们与校方进行谈判的代表，我为此感到非常荣幸。但令我最为难忘的记忆是

---

[20] 汉密尔顿楼（Hamilton Hall），哥伦比亚学院宿舍楼之一。

昨天朱莉·库辛纳（Julie Kushner）在发言中提到的 30 年前在哥大出现的那些罢工纠察线。这是一场由哥大的教辅员工和后勤工人们为争取校方对工会的承认而组织的罢工活动。我作为教师参加了支持这场罢工的动员和辅助工作。因为许多教师和学生不愿意跨越罢工纠察线进入校园去上课，我们就在学校附近找替代的教室，最终成功地将几百门课转移到了校外去上——在学校附近的教堂、酒吧、当地小学和电影院等。对于哥大的学生来说，看到校园中那些收入最低的员工——男性和女性，黑人、白人和拉美裔人——团结起来与这个权势显赫的大学体制做斗争并最终赢得了胜利，无疑是一次足以与他们在哥大课堂中所受教育相媲美的经历。这场活动也给我带来了一个附加福利。我偶尔会打电话找学校管理部门的某个行政人员——某个学院院长或者某个副校长等，接电话的秘书通常会说："他很忙，请留言，我会转告他。"我会回答说，"那请转告他，方纳教授来过电话，请他方便时回电话"。"哦，是方纳教授？"电话对面的秘书立刻回答说："你等着，他就在自己办公室里闲待着，我马上帮你转接过去。"

正如大家所知道的，我一直认为，历史学家有责任将当代学术研究的成果与学术界之外的听众和读者分享，将历史与当代备受争议的话题联系起来。我力图通过各种渠道来做这项事业——通过设计历史展览，为学术圈子之外的听众授课，给《民族》杂志和其他刊物写作等。20 世纪 90 年代，我曾经在 CNN 的电视节目《交火线》中与琳恩·切尼[21]和帕特·布坎南[22]就《全国历史教学课程标准》进行了公开辩论。我的学生蒂姆·麦卡锡（Tim McCarthy）刚才告诉我说，研究生们还为此专门聚会，一边吃比萨，一边观战。他还告诉我一个我已经忘掉的辩论细节——切尼称，课程标准中对奴隶制的强调让人感到很"压抑"。我回答说："如果你觉得奴隶制令你感到压抑，你有没有想过奴隶们有何感受？"

我不认为为公众的写作，甚至那些明显带有政治观点的写作，是一种偏离学术的写作——为学术和为公众写作的愿望是相同的，都是为了争取社会正义。我的这些努力显然令一些人感到非常不爽——因为我对伊拉克战争持反对态度，我被一本书指认为是101个"对美国最有威胁"的人之一；另外一本书把我指认为是"搞乱美国"的100个人之一（我在该书中的名单中排名第75位，正好排在篮球运动员拉特雷尔·斯普韦尔 [Latrell Spewell] 之后，他是因为掐了教练的脖子而"金榜题名"）。

当前，历史学家有更大的理由参与到公共辩论之中。正如大

---

[21] 琳恩·切尼（Lynne Ann Cheney, 1941—　），美国作家，曾任美国国家人文基金主席（1986—1993），美国前副总统理查德·切尼的妻子。

[22] 帕特·布坎南（Pat Buchanan, 1938—　），著名保守派专栏作家和电视评论家，曾于1992年、1996年竞争共和党总统候选人提名，并于2000年以改革党候选人身份参加美国总统竞选。

家知道的，我们生活在一个非常扭曲的时代。在过去一代人里，市场价值观占领了我们社会的每一个角落。对于知识生活的尊重处于严重短缺的状态。公益善举并不只是用经济指标来衡量的，但这一思想基本被抛弃了。在流行的价值观的主导下，文学、艺术和历史——那些看上去并不能产生现实经济利益的学科——正在所有层次的教育领域内遭遇继子的待遇。请允许我举个小例子来说明这个问题。我很高兴地注意到，本次会议认为我学术生涯的真正顶峰不是获奖或出书，而是我在《科尔波特报告》[23]电视节目中做出镜访谈嘉宾。你们也许想知道——出镜访谈嘉宾是否会得到报酬？没有报酬，但你会收到一张面值一百美元的代金券，你可以将代金券通过一个网站捐赠给一个慈善组织。我在指定的网站上寻找那些值得捐赠的慈善组织，偶然发现有一个来自纽约市布朗克斯区（Bronx）的小学音乐老师的帖子。她说她所在的学校没有买乐谱的经费，而她的学生也买不起乐谱，所以她无法给学生上音乐课。我决定把我的一百美元捐给她，帮助她买乐谱。这个故事实在是太悲催了。美国在武器装备上的花费很多，多到几乎超过其他所有国家军费的总和，但这个国家却不能为公立学校的学生购买几张乐谱。我们国家的优先选择到底是什么？

---

[23]Colbert Report,美国著名电视访谈节目。

历史研究或许不能产生更多的经济效益,但它是一个民主社会必须具备的一种基本品质。许多年前,美国历史学会主席查尔斯·弗兰西斯·亚当斯[24]曾经指出,"历史学的观点是一种重要的观点;因为只有历史地看问题,人们才能懂得所观察到的问题与一个复杂的文明体之间存在着的多种关系"。"经济学的"视角,他接着说,"无疑是重要的,但它属于一个较低层次的观察"。亚当斯在1901年做出的评论在今天仍然是值得参考的。因为历史研究为决策者和更大层面上的当今社会所注入的正是两者最缺乏的品质——用理性与经验来检测任何信仰,质疑任何鼓吹思想统一的教条主义——无论它们是政治教条、宗教教条或经济教条——这就是批判性研究的价值所在。

我记忆中关于《重建》一书最美好的一件事来自马克·希格比(Mark Higbee)。马克是我以前的学生,今天也在座。他把这本书送给了他的爷爷,因为老人曾经是20世纪30年代的一名工会组织者。他爷爷说,这本书给他带来了希望。这个反应着实令我感到惊讶,我说,这本书讲的是一个希望和承诺遭到背叛、自由的梦想被打碎的故事。马克解释说,他爷爷说这本书带给他希

---

[24] 查尔斯·弗兰西斯·亚当斯(Charles Francis Adams, Jr., 1835—1915),亚当斯家族成员(其父是美国第二任总统约翰·亚当斯的孙子、第六任总统约翰·昆西·亚当斯的儿子),参加过美国内战,著有历史学著作,于1900—1901年担任美国历史学会(American Historical Association)主席。

望，是因为它证明了历史终将真相大白。这的确是我在整个学术生涯中一直努力奋斗的目标——讲述这个既让人感到无上光荣、又让人感到无比愤怒的国家的历史真相，并始终怀揣着希望——对历史的公正欣赏是能够为创造一个更自由、更平等和更公正的社会做出贡献的。

附录二 "亚洲最好的美国史研究藏书"
——方纳教授赠书实录

北京大学图书馆历史学系分馆拥有一套美国史研究的藏书，名为"方纳教授赠书"，总数在4000册左右（准确数字还要等编目完成之后才能确定）。这套藏书以英语写作的研究专著为主，覆盖整个美国史，偏重对18世纪后期和19世纪美国史的研究，其中有部分书籍已经绝版，具有很高的使用和收藏价值。这批书原为埃里克·方纳教授的私人藏书，存放在他美国哥伦比亚大学费耶韦瑟楼（哥大历史系所在地）6层的办公室里，是他进行学术创作的重要资料，也是他在60年学术生涯中的精心积累。方纳教授为何会将自己的藏书捐赠给北大？这数千本英文书籍又是如何跨越太平洋从哥大来到北大的？运书过程经历了怎样的风风雨雨？又是哪些人提供了及时的帮助使它们最终完整无缺地落户北大？这些问题构成了一个值得讲述和记忆的故事。

第一次捐赠，2008—2010

方纳赠书的缘起可以追溯到 2000 年。那年是方纳第一次访问中国。他以美国历史学会主席的身份，到国内 5 所大学（南开、北大、陕西师大、南京大学、华东师大）讲学。我当时正好在南开开暑期课，他在南开讲完之后，我便陪同他一起到北大讲学。在北大，我们与副校长何芳川、历史学系主任王天有和欧美教研室负责人高毅等教授交谈，了解到北大正在加强世界史的研究与教学，但面临图书资源缺乏的困难。我们也参观了北大图书馆，若干年后，方纳会用"极其过时"（woefully out of date）一语来形容当时对北大的美国史藏书的印象。[1] 随后几年，我应邀参加北大历史学系举办的全国世界史学科暑期班的教学，也为美国史专业的研究生开课，每次备课都因图书资源的缺乏感到力不从心，在给方纳的邮件中我也时常提及这一点，想必加深了他的印象。2008 年夏北大历史学系邀请我加盟，我告诉方纳自己准备答应。他听后表示支持，并问我是否还有进一步的打算。我说希望创建一个美国史研究中心，推动中外美国史学者的交流合作，并希望以此为起点，积累和增强研究资源，帮助研究生在史学史方

---

[1] Eric Foner to Ms. Zavala (of Asia Foundation), 20 December 2008, forwarded to WX, 20 December 2008, emails.

面做到与美国大学对接。我当时认为北大的硬件和软件都不错，有可能创建一个类似哈佛的杜波伊斯非裔美国人研究所那样的机构，集研究、教学和资源中心为一体。方纳听了之后，当时并没有多说什么，但很快写来邮件，说他的办公室书满为患，新书还在源源不断地增加，希望将其中一部分书捐给北大，如何安置和使用这批书，由我到北大之后全权决定。

这真是一个意外的惊喜！我当然记得他在哥大的办公室：巨大而宽敞，四面全是直至天花板的书架，人在里面犹如置身于书海之中。方纳出身史学世家，在学界耕耘长达半个多世纪，藏书不仅丰富，而且很讲究。能够获得他的赠书，对北大来说无疑是一件极好的事情。我为方纳的慷慨和周到而感动，但如何将赠书运到北大，却是一个难题。从邮局寄送，数量太大，显然不现实；采用远洋货运方式，运费也便宜不了，而且运到中国之后如何入关，入关之后又如何从港口运到北大，对所有这些细节，我们都不清楚。

但我们两人都充满信心。从2008年秋开始，我们兵分两路在中美间投石问路。我先将方纳赠书的消息告知北大历史学系，系主任牛大勇听后非常高兴，拍着胸脯说，运费报销不是问题，只要书能运到并且有运费凭据，运费可以由系里的"211"工程建设费来支付。历史学系的承诺给了我们很大的鼓励。在寻求运书渠道方面，方纳先是向美国历史学家组织求助，因为该组织曾长期为发展中国家提供免费赠书，但遗憾的是，北大不在受赠范围之内。方纳于是又给亚洲基金会写信，并附上我写的在北大建立美国史研究中心的计划书，强调他寻求的是"指定捐赠"——他的书是指定捐给北大的——的运书渠道。亚洲基金会向我们推荐了一个名叫"亚洲之桥"（Bridge to Asia）的项目。我们随即与"亚洲之桥"联系，得知该项目的做法是将海外捐书用集装箱统一海运到某一中国港口，然后通知国内大学图书馆去港口自由挑选。对于我们提出的"指定捐赠"的要求，"亚洲之桥"没有给予明确的保证，但也没有说不可以。为了测试这条渠道的可靠性，我决定用自己的书做一个实验。我按"亚洲之桥"的规定，将自己一部分准备运回北大的美国史藏书装满了7个纸箱，在每个纸箱上贴上"寄往北京大学历史学系"的中英文标签，通过UPS将书箱发往"亚洲之桥"指定的募捐收集地点。但书寄出之后，便音讯全无。"亚洲之桥"将所有书视为免费捐赠，既没有告知是否收到我的书箱，也没有告知这些书的最终去向。有了这个失败的经历之后，我们不敢贸然将方纳的书交给"亚洲之桥"来运送。但如何能够找到一条廉价但又可靠的运输渠道呢？我们意识到，如果这样的渠道存在的话，它必须要有几个重要的保障，一是书交出之后可以全程跟踪和查证，二是捐书抵达中国港口之后必须有专人登船接书，并负责将书转运到北大。这样完美的渠道到哪里去找？

正当我们发愁的时候，转机出现了。2009年5月，方纳在哥大校园偶遇政治学系教授黎安友（Andrew Nathan），与他谈起捐书一事。黎安友是国际知名的中国政治研究的专家，熟悉中美学术交流的多种渠道。他立即向方纳推荐了"赠书中国计划"（Books for China Fund）项目，并主动与该项目负责人马大任（John T. Ma）先生联系，方纳和我因此得以与马先生相识。

我们后来才知道，在中美图书资源交流的领域内，马先生是一个颇有传奇色彩的人物。他出生在温州，1947年赴美留学，在哥大获得图书馆学硕士学位，先后在哥大图书馆和荷兰莱顿大学图书馆任职，退休之后，又被"返聘"至纽约市市立图书馆中文部任职。虽然去国多年，他一直心系祖国，20世纪70年代末便回到国内图书馆访问，了解到北大图书馆在"文革"中没有购进过一本西方出版的书籍。他同时了解到，西书缺乏是国内高校图书馆的普遍现象，而且因为长期脱节，国内懂西文图书采购的专门人才缺乏，购买外文书籍的外汇有限，采购渠道也十分单一，所以，中国高校图书馆要在短时间内做到高质量地补充西文图书是非常困难的，而改革开放的形势又要求图书馆扮演重要的角色。出于职业敏感，马先生希望在提供高质量的图书资源方面为国内做一些贡献。根据他后来的回忆，他当时算了一笔账，美国大学每年都有大批教授退休，其中包括不少华人学者，退休学者通常拥有高质量的学术藏书，如果动员他们捐书,以每人捐 2000 本算,哪怕只有一万人捐赠,至少也可以募得 2000 万本高质量的学术书籍,而如果这些书能够运到中国,可在相对短的时间内为国内高校图书馆提供一种价廉物美的西文图书来源。在这个想法的推动下,马先生于 2004 年年底在纽约发起创办了"赠书中国计划"项目,率领一批资深华人学者和企业家,自筹资金,开始为中国大学图书馆募捐和免费运送图书。

当时中国海关对国外来书进入中国有严格的规定:所有书在进关之前需出具一份清单,上面需详实列举每一本书的书名、作者、出版时间、销售价格等信息,并要求所有外文信息都要翻译成中文。这一规定令许多赠书人感到为难。大部分赠书人年老体弱,没有时间和精力在捐赠时来整理清单,而对马先生和他的同人来说,这也是一项无法完成的工作。其他的不说,仅是请人整理书单一项就是一笔巨大的花费。但马先生神通广大,也许因为他的项目深深感动了教育部的官员,几经周折之后,"赠书中国计划"获得了教育部的特批:募捐的书可以先入港,在海关的监督下,补办进关手续。自 2007 年起,"赠书中国计划"项目将数个装有 10 多万册图书的集装箱运到了青岛港,在那里由中国海洋大学图书馆负责接收赠书,除指定捐赠的图书之外,其他海外来书开放给国内大学图书馆挑选,被选定的图书由用书单位向海关履行申报手续,支付成本费,然后运回各校收藏。[2] 当黎安友教授将马先生介绍给我们的时候,"赠书中国计划"项目已经成功地运作了 3 年左右。

"赠书中国计划"项目对我们来说,实在是一个十分理想的渠道。这不光是因为马先生向我们承诺可以保证"指定捐赠"的实施,而且还因为马先生告知他与北大图书馆有长期的工作联系,并且与历史学系的张芝联先生还是亲戚关系。我在哥大读书时曾接待过来纽约讲学的张先生,所以我们立刻感到很放心。随后北大图书馆的朱强馆长也来信确认马先生的渠道非常可靠。我虽然至今都没有机会与马先生谋面,但每次从邮件和电话中都能够感觉到他是一位热诚坦荡、干脆利落、干事业的长者。几次交流之后,我们便决定使用这一渠道。

2009 年 6 月,方纳购买了装书的纸箱,开始在办公室亲自动手,装箱打包。在此过程中,他不时用邮件向我和马先生告知进展。他在 6 月 25 日的邮件中写道,"每日装 20 箱,已经装了 40 箱,下周可以完成"。6 月 29 日,他用邮件通知马先生:"装箱完毕,一共 80 箱,每个纸箱都贴上了由王希教授制作并寄给我的标签。"[3] 这些标签是我按"赠书中国计划"项目的要求制作的,

---

[2] 马大任:《〈赠书中国计划〉的创立》,2007 年 9 月 14 日;相关报道,参见:《马大任:赠书中国计划》,《温州都市报》,2009 年 1 月 15 日。

[3] Eric Foner to Wang Xi, 25 June 2009, 29 June 2009, emails.

上面用中英文写明这些书是指定捐赠给北大的。7月中旬，赠书被马先生的同事运到纽约市的一处仓库存放，一周后与其他捐书一起装入一只集装箱，启程前往厦门港。因为有在"亚洲之桥"丢失书箱的经历，所以我们一直与马先生保持联系，全程跟踪运书的过程。我们当时担心的还有几件事情：一是书到厦门之后如何被挑选出来，二是挑选出来的书又如何运到北大，三是谁来支付从厦门到北大的运费。事实证明，我们的担心有些多余。经费方面，北大历史学系和北大图书馆在书起运之后便联合打报告，向学校申请专项经费，所以运费不是大问题。但是，要将方纳赠书从集装箱内挑选出来并将它们完整地运送到北京，则需要有贵人相助。在这个节骨眼儿上，我们很幸运，遇到了"贵人"萧德洪。

2009年8月底，马大任先生告知，"赠书中国计划"的集装箱抵达厦门港，让我与厦门大学图书馆的萧德洪馆长联系。我当时已在北大，随即与萧馆长联系，听他讲几句话，便知道是一个爽快人。萧馆长称，方纳的书已经抵港，正在"通关"。他还告知，厦大不会擅自开箱，而会用快件将这批书直接发往北大，但报关需要收费，每箱书350元，80箱需要3万元左右，快运费另算。系主任牛大勇觉得这笔费用不大，历史学系完全可以独自承担，所以报关和运书都无须再向学校申请专项经费。萧馆长的承诺给我吃了一颗定心丸，但我并不知道其中的细节，包括方纳的书是如何从集装箱里被识别和挑选出来的。直到 10 年之后（2018年），我才从北大图书馆资源建设部张美萍老师那里得知了这些细节："赠书中国计划"项目的集装箱到港之后，萧馆长亲自登船，将方纳的 80 箱赠书从集装箱内上千个书箱中一一挑选出来。我听说这个故事之后，随即开始寻找萧馆长，最终通过电子邮件联系上他，得知他从厦大图书馆退休后到厦大在马来西亚分校的图书馆继续任职。当我向他表示感谢的时候，他说真正值得感谢的人是马大任先生。他讲述了另外一个故事，说他自己首先是被"赠书中国计划"的行动所感动，也分享马先生的理念，认为国内需要有一批好的大学图书馆来比较集中和有序地收藏海外学者的赠书。基于这种理念，他在担任厦大图书馆馆长的时候，主动提出把厦门大学也变成"赠书中国计划"项目的一个接收和中转站。2009 年他接收包括方纳赠书在内的那一集装箱书的时候，他的计划刚刚被批准，"算是试水"，而他能够做成此事则"主要是得到了海关方面的信任和支持"。他将 10 年前的一份文献寄给我，从上面可以看到他们当时的工作流程："赠书中国计划"的海外赠书由海关特许，先行运至厦门大学图书馆的专用仓库，在海关人员的全程监管下，由中转站工作人员进行书目提取和清点工作；清点结束后，由用书单位选择，向海关提供所需图书的册数、中英文对照的书名清单，完成进口图书的查验手续。[4] 这是在当时的情况下考虑到学术书籍的特殊性而采用的一种灵活措施，但对方纳赠书的迅速和顺利通关起了重要的作用。如果没有萧馆长的亲力亲为，我们很难想象这批书能够完整地被识别出来。

方纳的第一批赠书最终于 2009 年 10 月运抵北大。校图书馆与历史系共同决定，将这批书由校图书馆统一编目，存放在历史系分馆，命名为"方纳教授赠书"藏书。编目开始后，我请妻子庞瑾设计了赠书印章的图案，历史学系的何晋教授则按图案制作了印章，交给图书馆在方纳赠书的内页上都加盖赠书印章。2010 年夏，编目完成，方纳的第一批赠书上架，向全校和校外读者开放。

第二次捐赠，2017—2019

2017 年春，在第一次访问北大 17 年之后，方纳以北京大学

---

[4] Xiao Dehong to Wang Xi, Email, 7 May 2018. 萧馆长在这份邮件中寄送了 3 个附件：《"赠书中国计划"的创立热点（马大任）》《2009 年赠书》（厦大图书馆工作备忘录）《书目清理计划（工作流程）》。通过这些文献，我了解到在厦门大学之前，教育部在同济大学、上海外国语大学、中国海洋大学、大连理工大学、南开大学等已经设立了海外赠书转运站，厦门大学是经过萧德洪馆长争取而来的新的转运站，专门接收来自"赠书中国计划"的赠书，该站从 2009 年开始运行，当年 9 月之前，已经接收了 2 个集装箱，其中一个正是运送方纳捐书的集装箱。

"大学堂"顶尖学者的身份,再次到北大讲学,做系列讲座。讲课之余,我们抽时间到历史系图书馆去参观"方纳教授赠书"的收藏情况。看到他捐赠的所有书籍整齐完好地摆放在一排排移动书架上,方纳非常高兴。他询问了图书使用的情况,图书馆的王利军老师回答说,这套书的使用频率非常高,许多外校的人也常来使用。方纳从书架上随手抽出一本,一看正好是他的同事、哥大历史系伊丽莎白·布莱克默(Elizabeth Blackmar)教授送给他的著作(*Manhattan for Sale*),内页上还有赠书留言。方纳开玩笑地对我说,"千万不要对贝茨(布莱克默的昵称)说我把她给我的书捐给北大了,不然她会不高兴的"。布莱克默也是我在哥大的老师,参加过我的博士学位论文答辩。我想,她如果知道自己的书在北大,一定会感到高兴——自己的思想能够飘洋过海,为大洋彼岸的中国学生使用,这难道不是全球化时代的一件幸事吗?细心的读者会发现,方纳赠书中有不少是作者的签名本,一些书还带有自己的小故事。譬如,2018年春,我要为威尔逊的《国会政体》中文译本写序言时,需要重读威尔逊的英文著作 *The Constitutional Government of the United States*。我从"方纳教授赠书"中找到这本书,打开一看,只见扉页上写着1963年方纳以优异成绩获得哥伦比亚学院的约翰·杰伊奖(杰伊是美国建国时代的政治人物,哥伦比亚学院的毕业生),该书正是这个奖的奖品。

2017年的中国之行,想必给方纳留下了十分美好的记忆,尤其看到自己的赠书被保存得如此完好、并得到如此有效和广泛的使用，他心里应该感到很安慰。回到美国后不久，他写信给我，说希望在2018年退休之前将办公室里剩下的所有美国史藏书都捐给北大。这当然又是一个好消息。但如何运书，自然是我们需要解决的老问题。好在我们有了先前与"赠书中国计划"项目合作的经验，觉得问题不大，应该是轻车熟路。但没有想到，与马先生联系后，没有回复。经网上查询，得知他已经第二次退休，离开纽约，搬去了加州。最终又是通过黎安友教授的帮忙，我们与马先生联系上了。此时马先生已是九旬高龄，但工作热情和认真程度一点不减。接到黎安友的邮件之后，他立刻指示"赠书中国计划"项目在纽约的代表与方纳联系，商定取书时间。我们当时都认为，这次运书应该是一帆风顺了，但事实并非如此。

2018年2月，我写信给北大历史系张帆主任和北大图书馆陈建龙馆长，与他们商讨如何接收方纳的第二次赠书。两人都全力支持。陈馆长还专门召集会议，请校图书馆资源建设部的老师参加讨论，商量一个比较理想的运书方案。在讨论中，资源建设部的老师提到了一个新情况：海关对图书进口有新的规定，先前那种入港后补清单的做法被废止，外来书籍必须首先填报详细的中英文清单，经海关核对和审查后方能入关，未通过审核的书籍必须退回，滞留在港口码头的书籍需要每日缴纳囤积费。他们同时提到，"赠书中国计划"的渠道仍然可以用，但确实有一批书因为没有清单而被滞留码头。这个新情况出乎我们的意料。此外,萧馆长也已经离开厦大图书馆了,即便有人愿意像他10年前那样来帮助北大,也必须首先完成制作入关清单的手续。2000本书,每本的作者、书名、出版社和ISBN信息都要一一登记,并翻译成中文,是一个工作量很大的工作,方纳肯定没有时间和精力来做此事。怎么办?

我们讨论了几种方案,譬如派人到方纳办公室将每本书的信息拍照,然后传送到北大,由北大图书馆在北京做清单;或者请在美国留学的中国学生帮忙,到方纳办公室去做清单等。但这些想法最终都因要牵扯太多的安排而被放弃了。我在讨论中提出,如果国内经费允许,可否考虑将整个运送项目外包给某个跨国搬家公司来做,采用"从家门到家门"的托运方式,将方纳的赠书从哥大包干运送到北大图书馆。资源建设部的老师经查询之后,告知中国图书进出口公司(原外文书店,此后简称中图)可以提供这样的服务,但运书的时间较长,当然也需要收费。与方纳沟通后,他表示同意,并说只要书能够运到北大,他并不在乎采用哪种运书渠道,但他也提醒我们,因为他需要腾空办公室,美国历史学家组织也在动员他将书捐给非洲国家,所以北大方面需要抓紧时间。为了保证方纳的书能够捐给北大,校图书馆资源建设部与中图方面展开密集协商,最终达成协议:由北大图书馆委托中图以购买旧书的方式将方纳的赠书运送到北大,方纳的赠书是免费的，所有运送和报关手续（包括图书清单的制作）都由中图全部包干，费用由北大支付。

决定作出之后，行动就迅速开始。方纳与中图商定了取书的时间，并向中图提供了详细的街区停车指南。2018年4月中旬，中图纽约分公司将打包的纸箱送到方纳办公室，方纳在几名研究生（包括在哥大历史系读博士的中国留学生邢承吉）的帮助下，再次亲自动手装箱，并像上次一样不时用邮件报告装箱进展。承吉后来告诉我，她去方纳办公室帮忙装箱时，看到方纳的手被划开一个口子，正要去卫生间包扎受伤的手指。4月19日，装箱基本结束，方纳给我写了一封邮件，其中写道："当这些书运到之后，北大将拥有一套从美国革命到1900年前后这一时段的亚洲最好的美国史研究藏书。"[5] 几天后，方纳又报告说，中图纽约分公司已经按计划将73箱赠书从他办公室里取走，他办公室的书架基本清空，他只保留了他的学生出版的著作（这些书足足占据了两长排书架）。

接下来便是4个月的漫长等待。到了2018年8月，北大图书馆资源建设部李晓东老师告知，方纳赠书已经到京，但还没有完成审核程序。不久中图方面传来一个令人忧心的消息：根据海关要求，方纳赠书中有数百种"敏感书籍"，恐要被退回。这着实

---

[5] Eric Foner to Wang Xi, Email, 19 April 2018.

令我感到意外，不清楚"敏感书籍"是如何定义的，北大图书馆方面也不清楚。我们商定，暂时不能把消息告诉方纳，而是竭力说服中图，希望他们帮忙把所谓"敏感书籍"留下，不要立即退还给方纳。我将一批介绍方纳及其学术成就的材料整理出来寄给李老师，请他转给中图方面。我特别强调："方纳赠送的书籍都是历史学著作，是研究型的、知识性的书籍，对中国了解美国历史、了解美国发展有重要的参考和使用价值，不是所谓'敏感'书籍。希望北大图书馆努力保留它们。将它们退回给方纳，将是一件非常令人不可思议的事情，在美国学术界会有非常不好的影响。"李老师将材料转给中图，中图的工作人员表示十分理解，并答应会尽力帮助。

一阵忙乱之后，此事又陷入一种难熬的长期沉寂之中。中图方面虽然不再提退书之事，但也没有给我们一个准信。直到2019年1月底，终于收到李老师的微信通知："与中图核实过，（方纳赠书）全部过审了。"4月中旬，李老师寄来了方纳第二次赠书的报关清单，上面列举了1920种图书的详细信息。我随即将书单寄给方纳进行核实。方纳读后，确认这是他捐赠的全部图书。李老师还报告说，方纳的第二批赠书将在暑期到馆，随后将进入编目阶段。至此，我们心里悬着的石头总算落地。在完成这篇短文的时候，又接到李老师的微信通知：方纳第二批赠书的编目进展顺利，不久便可入库，向读者开放。李老师后来又告诉我，北大图书馆在完成编目之后也意识到方纳赠书的重要价值,计划以这两批赠书为基础,进行后续的扩展购书,建设一个以美国早期史为特征的美国史研究特藏项目。

几点感触

回顾方纳教授两次赠书北大的经历,虽无惊涛骇浪的凶险,但也不乏一些耐人寻味和令人感叹的迂回曲折。我有几点特别深的感触。首先是对方纳教授本人有一种发自内心的敬仰:一个享有盛名的美国学者,到北大讲学两次,便将北大美国史图书资源的建设挂怀于心,不远万里,不怕麻烦,事必躬亲,将自己的优质藏书捐给北大,这是不是一种新时代的国际主义的精神?其次,我对马大任先生充满尊敬,对萧德洪馆长充满感激。马先生创办"赠书中国计划"项目,萧馆长主动请缨将厦大图书馆变成海外赠书的中转站,这些都是极富创意的大胆举动。创办不易,坚持更难,但他们不求名,不求利,始终乐此不疲,精神和意志可嘉。我由此想到,马先生和萧馆长以及其他许多在图书战线工作的人一样,在过去40年中美学术交流过程中扮演了十分关键的角色,但外界很少关注他们,很少提及他们的贡献。此外,在整个过程中,还有其他人提供了重要的帮助,包括黎安友教授、北大历史学系的牛大勇和张帆主任、北大图书馆的朱强和陈建龙馆长、北大图书馆资源建设部的诸位老师，以及历史系分馆的诸位馆员等。没有他们的支持，很难想象方纳教授的两次赠书能够最终进入北大图书馆。我在与他们每个人的接触和共事的过程中，都感受到他们具有一种对知识的敬畏感和一种造福后人的责任感。在我看来，这种敬畏感和责任感正是学者、大学和大学图书馆的精神体现，也是学者、大学和大学图书馆必须坚守的原则，即便在全球化和数据化时代也是如此。

王　希
2019 年 9 月 8 日初稿
2020 年 1 月 3 日定稿

"青椒时期"的方纳——1970年在哥伦比亚大学历史系授课。(方纳提供)

2000年方纳当选为美国历史学会主席,从前任主席罗伯特·达恩顿(普林斯顿大学历史系教授,站立者)手中接过象征学会权力的会议木槌。(网络照片)

方纳的著作《烈火中的考验：亚伯拉罕·林肯与美国奴隶制》获2011年林肯奖（Lincoln Prize）。图为方纳教授在哥伦比亚大学历史系办公室，右前方的林肯头像是林肯奖的奖品之一。（方纳提供）

2016年方纳在普林斯顿大学接受荣誉人文博士学位。（方纳提供）

南卡罗来纳州的博福尔特（Beaufort）曾是美国内战中获得解放的奴隶在联邦军队的帮助下进行经济自立实验的地方。在方纳和其他历史学家的努力下，该地区在2016年经奥巴马总统批准得以建立美国国家历史遗址纪念地。图为方纳教授在遗址标志碑前留影。（方纳提供）

**美国哥伦比亚大学
埃里克·方纳教授赠书**
(2009)
**Donated to Peking University
Libraries by Professor Eric Foner
of Columbia University, USA**

方纳教授赠书印章（2009年，庞瑾设计）

2017年3月13日方纳教授参观存放在北京大学图书馆历史学系分馆中的方纳赠书。（李雨澄 摄）

2017年3月13日方纳教授参观存放在北京大学图书馆历史学系分馆中的方纳赠书，北大历史学系教授王希、历史学系分馆图书馆员、副教授王利军陪同。（李雨澄 摄）

2017年3月17日方纳与在北大文研院参加"十九世纪美国的遗产"研讨会的中国美国史研究者的合影。第一排左起：邵声、于留振、蔡萌、焦姣、董瑜、王禹、杜华、曹鸿、侯深。第二排左起：韩笑、赵学功、王希、王立新、李剑鸣、方纳、梁茂信、张勇安、李莉、杨钊、李晶、伍斌。（北大文研院提供）

2019年9月,方纳与前美国司法部长埃里克·赫德(Eric Holder)(中)在方纳新著《第二次建国:内战与重建如何重塑了美国》的讨论会上。(方纳提供)

参考和深度阅读书目

（按作者姓氏字母排序）

1. Anbinder, Tyler, *Nativism and Slavery: The Northern Know-Nothings and the Politics of the 1850s* (1992).
2. Baker, Bruce E., *What Reconstruction Meant: Historical Memory in the American South* (2007).
3. Baptist, Edward E., *The Half Has Never Been Told: Slavery and the Making of American Capitalism* (2014).
4. Barker, Gordon S., *Fugitive Slaves and the Unfinished American Revolution: Eight Cases, 1848—1856* (2013).
5. Beckert, Sven, *The Empire of Cotton: A Global History* (2014).
6. Berlin, Ira, *Many Thousands Gone: The First Two Centuries of Slavery in North America* (1998).
7. Blackburn, Robin, *The American Crucible: Slavery, Emancipation, and Human Rights* (2011).
8. Blackburn, Robin, *The Making of New World Slavery: From the Baroque to the Modern, 1492—1800* (1997).
9. Blackett, Richard, *Making Freedom: The Underground Railroad and the Politics of Slavery* (2013).
10. Blight, David, *Race and Reunion: The Civil War in American Memory* (2001).

11. Bordewich, Fergus M., *Bound for Canaan: The Epic Story of the Underground Railroad, America's First Civil Rights Movement* (2005).
12. Burin, Eric, *Slavery and the Peculiar Solution: A History of the American Colonization Society* (2005).
13. Carwardine, Richard, *Lincoln* (2003).
14. Davis, David, *Inhuman Bondage: The Rise and Fall of Slavery in the New World* (2006).
15. Donald, David Herbert, *Lincoln* (1995).
16. Downs, Gregory, *After Appomattox: Military Occupation and the Ends of War* (2015).
17. Du Bois, W. E. B., *Black Reconstruction in America* (1935).
18. Fehrenbacher, Don E., *Prelude to Greatness: Lincoln in the 1850s* (1962).
19. Fehrenbacher, Don. E., *The Slaveholding Republic: An Account of the United States Government's Relations to Slavery* (2001).
20. Fitzgerald, Michael, *Splendid Failure: Postwar Reconstruction in the American South* (2007).
21. Foner, Eric, *Free Soil, Free Labor, Free Men: The Ideology of the Republican Party Before the Civil War* (1970).
22. Foner, Eric, *Freedom's Lawmakers: A Directory of Black Officeholders During Reconstruction* (1996).
23. Foner, Eric, *Gateway to Freedom: The Hidden History of the Underground Railroad* (2015).
24. Foner, Eric, *Nothing but Freedom: Emancipation and Its Legacy* (1983).
25. Foner, Eric, *Reconstruction: America's Unfinished Revolution, 1863—1877* (1988).
26. Foner, Eric, *The Fiery Trial: Abraham Lincoln and American Slavery* (2010).

27. Franklin, John Hope, *The Emancipation Proclamation* (1963).
28. Genovese, Eugene D., *Roll, Jordan, Roll: The World the Slaves Made* (1974).
29. Goodman, Paul, *Of One Blood: Abolitionists and the Origins of Racial Equality* (1998).
30. Gutman, Herbert G., *The Black Family in Slavery and Freedom* (1976).
31. Hahn, Steven, *A Nation Under Our Feet: Black Political Struggles in the Rural South from Slavery to the Great Migration* (2003).
32. Harding, Vincent, *There is a River: The Black Struggle for Freedom in America* (1981).
33. Harris, William C., *With Charity for All: Lincoln and the Restoration of the Union* (1997).
34. Hodges, Graham Russell Gao, *David Ruggles: A Radical Black Abolitionist and the Underground Railroad in New York City* (2010).
35. Hyman, Harold M., *A More Perfect Union: The Impact of the Civil War and Reconstruction on the Constitution* (1973).
36. Jeffrey, Julie Roy, *The Great Silent Army of Abolitionism: Ordinary Women in the Antislavery Movement* (1998).
37. Kantrowitz, Stephen, *More than Freedom: Fighting for Black Citizenship in a White Republic, 1829—1889* (2012).
38. Kettner, James T., *The Development of American Citizenship, 1608—1870* (1978).
39. Kolchin, Peter, *American Slavery, 1619—1877* (2003).
40. Lake, Marilyn and Henry Reynolds, *Drawing the Global Color Line* (2008).
41. Lawson, Melinda, *Patriot Fires: Forging a New Nationalism in the Civil War North* (2002).
42. Levine, Bruce, *Half Slave and Half Free: The Roots of the Civil War* (1992).

43. Levine, Bruce, *The Fall of the House of Dixie* (2013).
44. Litwack, Leon F., *Been in the Storm So Long: The Aftermath of Slavery* (1979).
45. MacLeod, Duncan J., *Slavery, Race, and the American Revolution* (1974).
46. Manning, Chandra, *What This Cruel War Was Over: Soldiers, Slavery, and the Civil War* (2007).
47. McCurry, Stephanie, *Confederate Reckoning: Power and Politics in the Civil War South* (2010).
48. McKitrick, Eric L., *Andrew Johnson and Reconstruction* (1960).
49. McPherson, James M., *Battle Cry of Freedom: The Civil War Era* (1988).
50. McPherson, James M., *The Struggle for Equality: Abolitionists and the Negro in the Civil War and Reconstruction* (1964).
51. Nash, Gary, *The Forgotten Fifth: African Americans in the Age of Revolution* (2006).
52. Newman, Simon P., *A New World of Labor: The Development of Plantation Slavery in the British Atlantic* (2013).
53. Oakes, James, *Freedom National: The Destruction of Slavery in the United States* (2012).
54. Potter, David M., *The Impending Crisis, 1848—1861* (1976).
55. Rable, George C., *But There Was No Peace: The Role of Violence in the Politics of Reconstruction* (1984).
56. Rable, George C. *God's Almost Chosen People: A Religious History of the Civil War* (2010).
57. Ransom, Roger L., and Richard Sutch, *One Kind of Freedom: The Economic Consequences of Emancipation* (1977).
58. Richardson, Heather C., *Greatest Nation of the Earth: Republican Economic

Policies during the Civil War (1997).

59. Richardson, Heather C., *The Death of Reconstruction: Race, Labor, and Politics in the Post-Civil War North* (2001).
60. Sinha, Manisha, *The Counterrevolution of Slavery: Politics and Ideology in Antebellum South Carolina* (2002).
61. Sinha, Manisha, *The Slave's Cause: A History of Abolition* (2016).
62. Stampp, Kenneth, *And the War Came: The North and the Secession Crisis, 1860—1861* (1950).
63. Stephanson, Anders, *Manifest Destiny: American Expansionism and the Empire of Right* (1995).
64. Stewart, James B., *Holy Warriors: The Abolitionists and American Slavery* (1996).
65. Trefousse, Hans L., *The Radical Republicans: Lincoln's Vanguard for Racial Justice* (1969).
66. Vorenberg, Michael, *Final Freedom: The Civil War, the Abolition of Slavery, and the Thirteenth Amendment* (2001).
67. Wang, Xi, *The Trial of Democracy: Black Suffrage and Northern Republicans, 1860—1910* (1997).
68. Woodward, C. Vann, *Origins of the New South, 1877—1913* (1951).

出版后记

秉承"思想自由、兼容并包"的传统，本着"繁荣学术、培养人才"的宗旨，北京大学于 2012 年设立"大学堂"顶尖学者讲学计划，希望在全球范围内邀请各领域的学术大师来校举办讲座、开设课程、合作研究等，以推动科学研究、人才培养的全面创新和发展。光华教育基金会向北大捐赠专项资金，资助和支持"大学堂"顶尖学者讲学计划。北京大学国际合作部负责计划的具体实施，接受提名和推荐，并组建学术委员会予以遴选和讨论，最终确定入选学者。

按照项目设计，受邀学者通过系列讲座这一主要形式，并辅以座谈会、研讨会、工作坊等其他学术交流活动，与来自北京大学内外的优秀中国学者展开交流。在运行与实施过程中，学校各院系踊跃申报，师生们积极参与，从各方面给予大力支持，共同支撑起这一北大的高端学术交流品牌。2016 年北京大学人文社会科学研究院成立后，从学者推荐、学术组织、行政服务与支持方面，全力支持"大学堂"计划，极大地便利了学术对话活动的开展。

"大学堂顶尖学者丛书"依托"大学堂"计划受邀学者的讲座内容,立体地展现他们在北大的思想交锋过程。该丛书的编辑出版工作,得到光华教育基金会的资助。作为光华教育基金会董事长,尹衍梁先生多年来关心和支持北大建设,包括"大学堂"计划在内的诸多教育事业从中受惠良多。在丛书推出之际,谨此表达对上述人士或单位的诚挚感谢。

北京大学国际合作部(北京大学港澳台办公室)
2017 年 7 月